KB108077

스페인의 맛

요리로 떠나는 스페인 미식 로드

스페인의 맛

권혜림 지음

버튼북스

개정판을 내며

한 해 마지막 순간, 종소리가 울려 퍼진다. 새해를 카운트다운하며 도세 우바스(Doce uvas), 포도 열두 알을 먹는 건 풍요와 건강을 기원하는 스페인 풍습이다.

스페인 요리는 문화의 용광로다. 역사적으로 페니키아, 카르타고, 고대 그리스와 로마, 게르만 민족의 한 부족인 서고트족을 거쳐 무어인 이슬람 세력이 이베리아반도에 진한 흔적을 남기며 음식 문화도 융합했다.

국토 회복 운동(레콘키스타, Reconquista)으로 이슬람 세력을 물리치던 가톨릭 국가 카스티야 왕국과 지중해 지역 아라곤 왕국(북동부 아라곤, 카탈루냐, 발렌시아)은 혼인으로 결합해 이베리아 음식에 또 다른 풍미와 전통을 더했다. 지리적으로 북아프리카와 유럽의 길목에 놓여 있는 스페인은 모로코와 포르투갈, 프랑스와 이탈리아에 영향을 주고받았다.

카스티야와 아라곤이 합쳐진 에스파냐 왕국은 이슬

람 세력의 마지막 보루였던 그라나다를 정복했고 같은 해 1492년 콜럼버스는 아메리카를 발견했다.

콜럼버스 대항해 시대 이후 스페인은 아메리카에서 가져온 고추, 토마토, 감자, 카카오를 유럽에 전했다. 스페인 수도원에 과수원과 정원은 신대륙에서 들여온 작물을 키우던 실험실이었다.

스페인에서 고추를 처음 맛봤을 때 후추-피미엔타(Pimienta)처럼 강렬한 맛이라 하여 피미엔토(Pimiento)라 했다. 이를 훈제한 피멘톤(Pimentón)은 스페인 요리에 두루 쓰인다. 파에야와 문어 요리 풀포 아 페이라, 스튜 마르미타코, 타파스 파타타스 브라바스, 각종 엠부티도(소시지) 초리소, 치스토라, 보티요, 소브라사다 등에 들어가는 피멘톤은 먹음직스러운 색을 입힘과 동시에 맛에 악센트를 준다.

가톨릭 전례에 따른 식문화부터 유대교와 이슬람교 음식 문화가 혼재해 있는 스페인. 고대부터 오늘날에 이르기까지 스페인 땅에 스쳐 지나온 많은 음식과 요리에는 이야기가 있다.

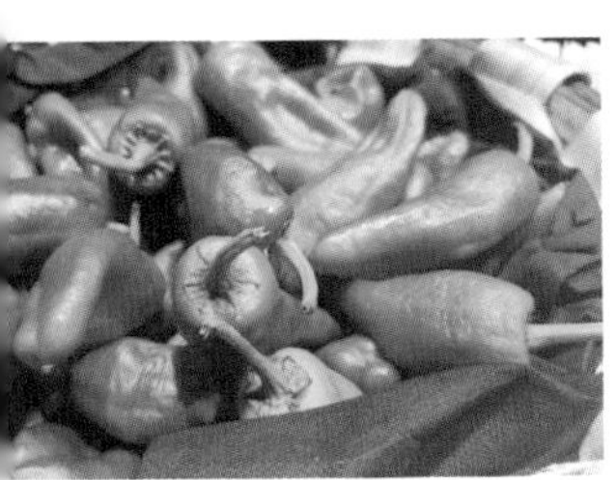

"당신이 무얼 먹는지 말하면 당신이 어떤 사람인지 알 수 있다."

음식은 자신의 정체성을 드러낸다. 스페인에서는 이슬람교도와 유대인이 가톨릭으로 개종했다는 걸 음식으로 알아차렸다. 돼지고기를 먹지 않는 이들이 올리브 오일이 아닌 돼지기름을, 양고기 대신 돼지고기로 만든 요리를 먹는다는 건 의심의 여지 없이 이를 무언으로 증명하는 방법이었다. 스페인에서 음식은 영양과 맛을 추구하는 생존과 미식의 영역도 있지만, 생사의 갈림길에서 신념을 나타내는 도구이자 증표였다.

한때 종교적인 이유와 위생상의 이유로 금지했지만, 여전히 즐겨 먹는 스페인의 맛이 있다. 기원전 그리스 시대부터 먹어온 피순대 모르시야는 다양한 변주를 하며 끈질긴 생명력을 지닌 음식이다. 그중 부르고스의 모르시야는 산티아고 순례길에서 주머니 사정과 맛을 동시에 만족시켜 준다.

역사가 오래된 음식을 알아가는 건 가느다란 실타래를 붙잡고 떠나는 머나먼 여정이다. 안달루시아 대서양 연안에서 참치잡이는 페니키아, 로마, 아랍 시대에도 수익성이 좋은 사업이었다. 페니키아인은 생선을 염장하는 소금도 스페인에서 얻었다. 참치를 염장해 말린 모하마(Mojama)는 구미를 당기는 그윽한 맛이다.

2020년 3월 마드리드에서 열리는 올리브 오일 세미나에 참석할 예정이었다. 삽시간에 마드리드를 중심으로 퍼져나간 코로나19로 일정은 무한 연기되었다. 상황을 잠시 지켜보자던 말을 하고선 2년 가까이 흘렀다.

소리소문없이 다가온 팬데믹 상황으로 삼시세끼 아이들 밥을 챙겨야 했다. 전쟁이나 다름없는 코로나 상황에

서 구황작물 감자로 토르티야 데 파타타스를 만들었다. 감자와 달걀, 올리브 오일과 소금만 있으면 만들 수 있는 요리다. 스페인 역사에서도 전쟁 시 요긴하게 먹었던 음식으로, 부족한 재료로 어떻게 하면 배불리 더 맛있게 먹을 수 있을까를 고민했던 스페인의 지혜가 담긴 음식이라는 게 다시금 느껴졌다. 스페인을 마음껏 다닐 수 없다 하더라도 스페인 요리를 만들며 추억하고 그 분위기를 낼 수 있다는 건 어찌 보면 마법 같은 순간이다. 시공간을 넘나드는 행위다.

경제적으로 궁핍한 상황에서도 알뜰살뜰 맛있게 먹는 지혜가 담겨있는 스페인 요리가 있다. 타파스 맛집의 기준 크로케타스(Croquetas)는 자투리 음식을 남김없이 맛있게 먹는 법 중 하나다. 하몬을 자르고 난 후 뼈에 붙어 있는 하몬도 그냥 버리지 않고 크로케타스 속 재료로 사용한다.

토리하스(Torrijas)는 딱딱하게 굳어진 빵으로 만드는 요리로 고된 일상에서 영혼의 허기마저 달래주던 달콤한 위안을 주던 고열량 디저트다.

스페인 하면 지중해 건강 식단이다. 타이거너트로 만드는 새하얀 오르차타(Horchata)는 발렌시아 건강 음료다. 태양이 작열하는 날 시원한 오르차타는 호랑이 기운이 솟게 한다.

음식과 요리는 계층을 넘나들었다. 스페인 왕실에서

귀한 손님에게 대접하던 투론은 대중에게 인기를 끌었고 소작농의 음식이던 가스파초는 사교계의 세련된 요리로 떠오르기도 했다.

주목받지 못했던 식재료 새끼장어 안굴라스(Angulas)는 한때 스페인 북부 노동자의 음식이었다. 안굴라스는 바스크 스타 셰프의 손길을 거치면서 고급 음식으로 급부상했다. 값비싼 안굴라스를 대체하는 모조 새끼장어 굴라스(Gulas)의 탄생 과정도 파고들었다. 궁금한 건 못 참기에 취재 끝에 마침내 이를 개발한 연구원을 인터뷰하기도 했다.

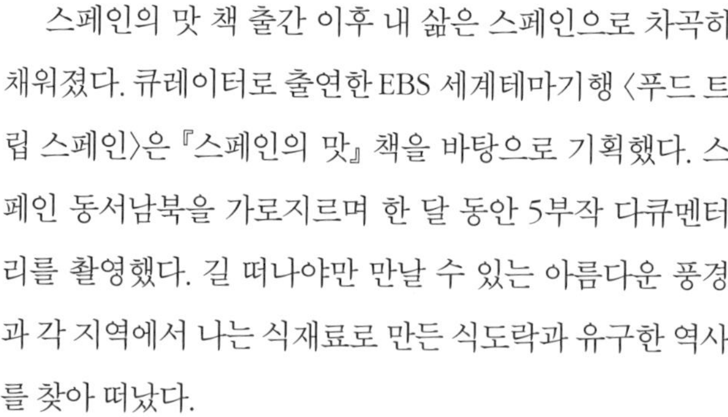

스페인의 맛 책 출간 이후 내 삶은 스페인으로 차곡히 채워졌다. 큐레이터로 출연한 EBS 세계테마기행 〈푸드 트립 스페인〉은 『스페인의 맛』 책을 바탕으로 기획했다. 스페인 동서남북을 가로지르며 한 달 동안 5부작 다큐멘터리를 촬영했다. 길 떠나야만 만날 수 있는 아름다운 풍경과 각 지역에서 나는 식재료로 만든 식도락과 유구한 역사를 찾아 떠났다.

스페인의 맛은 스페인을 여과 없이 드러낸다. 서로 다른 조각을 붙여 만든 모자이크처럼 스페인 요리 한 접시에는 세계사 수많은 장면이 스쳐 지나갔다. 그 시간을 거슬러 올라 음미하며 되새기고 스페인 각 지역을 넘나들며 생생한 맛을 담았다. 다시 스페인으로 미식 탐험을 떠나는 날을 기다리며, 살룻(Salud 건배)!

Prologue

"넌 전생에 스페인 사람이었을 것 같아."

스페인 무곡 「말라게냐(Malagueña)」 연주를 마치자 선생님이 말씀하셨다. 저음부에서 나지막이 시작하는 음을 누를 때는 스페인 알타미라 동굴에 그려진 소가 서서히 깨어나 살아 움직이는 모습을 상상하기도 했다. 어쩌면 스페인 리듬이 내 안에 내재되어 있는지도 모르겠다. 바흐의 「사라반드」, 리스트의 「스페인 랩소디」, 라벨의 「볼레로」. 스페인 정서와 리듬을 피아노로 공부하면서 스페인을 만났다. 스페인 음악을 이해하기 위해 스페인 음식을 먹었다.

딸아이의 그림을 보고 있노라면 즐겁고 유쾌하다. 매번 새로운 그림에도 이런 화풍으로 표정을 그리기에 누가 봐도 딸아이 그림이란 걸 알아차린다. 그림에서 단순한 열정과 순수함이 느껴진다. 딸에게 그림 제목을 물으니 '빗방울의 여행'이란다.

스페인에 대한 열정을 나에게 묻노라면 딸의 그림과 같은 표정이 아닐까. 나 또한 단순한 열정을 따라가다 보니 더 알고 싶고 좋아진다. 딸의 그림을 나에게 대입해 재해석한다면 '타파스 여행'을 떠나는 내 모습(마음의 표정)이 보인다.

스페인 음식도 그렇다. 심플하다. 자연 그대로 맛을 드러낸다. 뜨거운 태양빛 아래 땅이 비옥하고 지중해와 대서양이 만나는, 고품질 식재료를 얻기에 지리적으로 좋은 환경이라서 그럴까. 재료 자체만의 맛으로 맛있다고 느껴지기에 매력적이다. 판 콘 토마테(Pan con Tomate)처럼 단순해 보이는 음식도 그 맛에 자꾸 맛본다.

스페인 음식을 무엇이라 정의할 수 있을까. 갈리시아, 바스크, 마드리드, 카탈루냐, 안달루시아 등 지역에 따라 자신만의 고유한 문화와 언어 그리고 역사가 존재하는 곳이 스페인이다.

조심스레 살짝 건드렸는데 엄청난 게 나온다. 이번에도 설마 했는데 역시다. 취재를 하고 글을 쓰면서 마치 보물을 캐듯, 유물을 캐듯 부드러운 브러시를 준비해 살살 건드려보고 흩어진 조각들을 맞춰 그림을 완성하는 기분이었다. 궁금한 건 참을 수 없다. 호기심이 해결될 때까지 찾고 또 찾았다.

음식은 한 나라를 대변한다. 아는 만큼 보인다. 스페인 음식을 탐험하기 위해서는 스페인 역사를 먼저 알아야 했다. 오랜 역사에 여러 인종과 종교가 한데 어우러진 스페인은 복잡 다양하다. 스페인 음식의 다양성은 언제나 흥미진진하다. 지루할 틈이 없다.

페란 아드리아와 조안 로카, 마르틴 베라사테기와 페드로 수비하나, 카르메 루스카예다 셰프와 함께 세계 미식의 중심에 있는 스페인. 여기에 타파스 문화는 나눔의 정이 넘치며, 타파스 한 접시에는 창의와 혁신을 담아내고 있다.

스페인의 맛을 찾아 떠나면서 나를 만났다. 집으로 돌아와 스페인 식탁을 차렸다. 행복은 멀리 있지 않다. 아주 가까이, 일상에 있다. 직접 손으로 잡을 수 있는 행복. 스페인의 맛이다.

차례

Part 2_____ 스페인의 맛

스페인 중부

스페인 남부

Part 3_____ 스페인 미식의 아이콘

PART I

열정의 소리와 맛

SONIDO Y SABOR PASIONALES

Tapas

피아노 연주 그리고 글쓰기

쇼팽 전주곡 작품28 16번 b플랫 단조

정열을 가지고 아주 빠르게

F. Chopin Prelude Op.28 No.16 in b flat minor

Presto con fuoco

그건 마법의 순간이었다. 7살 꼬마 아이는 단숨에 사로잡혔다. 쇼팽 전주곡 16번을 들었을 때다. 이 음악을 연주하려면 쇼팽이 표현한 대로 쇼팽과 동일한 심장을 지녀야 한다. 이 곡을 듣던 순간 내 안에 뜨거운 기운이 느껴졌다.

'아, 언젠가 이 곡을 연주하고 싶다.'

쇼팽 전주곡 16번. 강렬한 열정에 찬, 가슴속에서 맹렬하게 일어나는 적극적인 감정이 느껴진다. 왼손 리듬은 마치 돈키호테가 로시난테를 타고 달리는 소리. 왼손의 반복되는 리듬이 돈키호테의 심장을 펌프질하는 소리라면 오른손 빠른 패시지는 환상에 빠져 꿈을 향해 돌진하는 돈키호테다. 악보는 4페이지. 연주 시간은 1분 남짓. 어느덧 쇼팽 전주곡 16번을 연주했고 대학에서 피아노를 전공했다.

지금의 딸 나이 무렵 조선왕조 궁중음식 보유자였던 무형문화재 38호 황혜성 선생님의 요리책 『가정요리』를 무척 좋아했다. 동화책 읽는 것보다 이 요리책을 더 즐겨 봤다. 몇 페이지 어디 즈음 어떤 요리가 있다는 걸 외울 정도였으니. '아, 맛있겠다.' 음식에 관한, 맛에 대한 탐구정신은 이때부터 시작됐다. 컬러풀한 사진에 세상 다양한 요리가 가득 담긴 책을 보며 "엄마 이거 만들어주세요"라고 조르곤 했다. 엄마와 함께 가정요리에 나오는 크로켓을 만들기도 했다.

삶이라는 한정된 시간 속에서 무엇을 하며 지내냐는 내겐 무척 중요하다. 세상에 귀 기울여 말하고 듣고 쓰는 일. 일상적인 언어로 삶을 전하는 일. 그래서 기자가 됐다.

피아노 연주자는 작곡가가 의도하는 음악적 언어를 읽고 숨은 의미까지 찾아낸다. 연주자는 악보라는 팩트를 생생하게 재현해 청중에게 전달하는 역할을 한다. 연습은 일종의 취재 과정이다. 무엇보다 듣는 귀가 있어야 한다. 악보가 무슨 말을 하는지 내가 어떤 소리를 내는지. 분명한 리듬을 타건하고 화성에 따른 변화를 느끼며 멜로디를 노래한다. 연주자는 음악의 3요소인 리듬, 가락, 화성을 충실

히 표현한다. 청중에게 이야기를 전한다.

피아노 연주는 정직하다. 무대에서는 숨을 곳도 없고 숨길 수도 없다. 글도 마찬가지. 음식도 그렇다.

셰프를 만나고 음식을 맛보고 포도밭과 하몬 생산 현장을 찾아갔다. 피아노 연주와 기사 쓰기의 본질은 같다. 사실을 확인하고 의미를 찾고 이성과 감성의 조화가 이뤄져야 하는 일. 기자는 취재원의 마음속 이야기를 끌어내 어떤 생각과 감정을 지니고 있는지 파고든다. 이는 사물이 대상이 될 때도 있다. 100% 하몬 이베리코 베요타가 어떻게 탄생하는지 들여다보는 것. 돼지의 삶과 발자취를 따라가 독자에게 전한다.

특정 곡을 연주하거나 들으면 현실에 몸을 두고서 예전의 생각과 감정도 되살아난다. 글도, 음식도 마찬가지. 삶의 판타지다. 이는 오늘을 살아가는, 의욕을 충전하는 연료다.

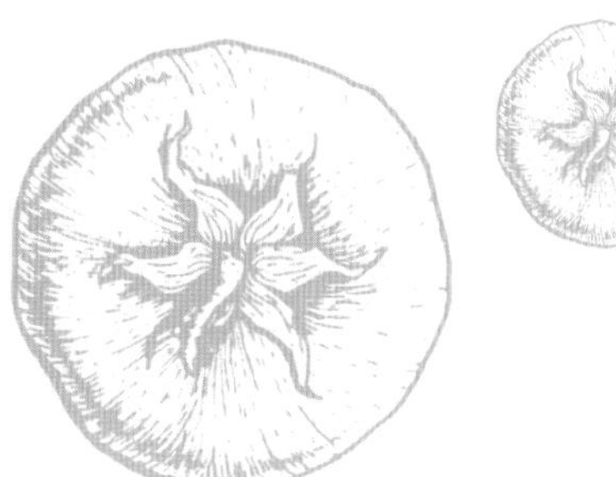
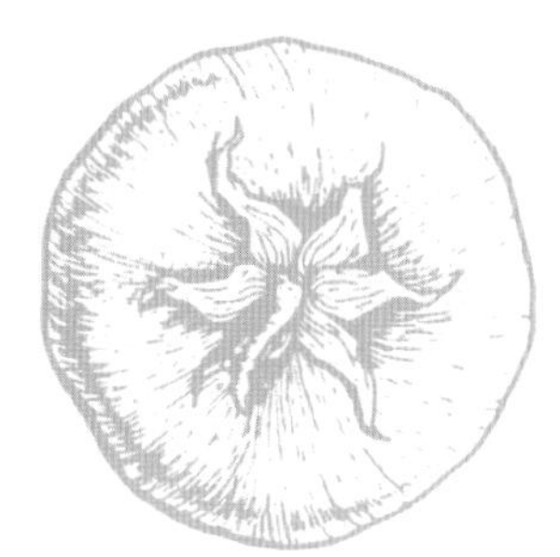

맛의 기억

돌이켜보면 내 입맛은 엄마로부터 물려받았다. 90년대 초반 성당에서는 우리 밀 살리기 운동을 했다. 수입 밀에는 수십 가지 농약과 표백제가 들어간다는 내용도 충격이었다. 우리 집은 우리 밀이 아니면 밀가루 음식은 구경하기 힘들었다. 가끔 하굣길에 엄마 몰래 사먹던 학교 앞 과자 말고는.

엄마는 가족을 위한 깐깐한 소비자였다. 시골 마을에 한 번씩 내려가 달걀이나 오리 알을 직거래로 사오셨다. 케이지에 다닥다닥 갇혀 사는 닭이 아닌 자연에서 자유로이 크는 닭이었다. 주말에는 가족 모두 달걀을 사러 가기도 했다. 스트레스를 받지 않고 인삼 잎을 먹고 자란 닭이 낳은 알에서는 비린 맛이 나지 않았다. 엄마는 냉면에 가끔 오리 알을 삶아 넣으셨는데 난 달걀보다 큰 오리 알이 부담스럽게 느껴지기도 했다.

KILO
'20 €
FRUTAS Y VERDURAS
La Huerta de Sánchez
KILO
3'50 €
PRODUCTO TOMATE
VARIEDAD ROSADO
BARBASTO
CATEGORIA I
G
ROSA DE LA REINA
ROSA DE LA REINA

집에서는 가지, 고추, 방울토마토를 키웠다. 가지를 따서 가지나물을 만들고 풋고추는 된장찌개에 넣었다. 방울토마토가 조그맣게 열렸을 때 무척 신기해했다.

여름 방학 때는 토마토 농장을 방문했다. 내 키보다 높이 자란 토마토를 처음 봤다. 1992년 바르셀로나 올림픽이 한창이던 여름, 계곡에서 송사리를 잡고 토마토 농장에서 딴 토마토를 간식으로 먹으며 올림픽 경기를 본 기억이 난다.

토마토에 설탕은 금물이었다. 친구 집에서는 토마토에 설탕을 뿌려 먹었는데 우리 집에서는 토마토 위에 설탕을 구경할 수 없었다. 엄마는 토마토 맛 그대로, 재료가 지닌 고유한 맛을 즐기는 법을 가르치셨다.

직접 간 토마토 주스를 즐겨 마셨는데 친구들이 우리 집에 오면 엄마는 간식으로 토마토 주스를 만들어주시곤 했다. 그 후 시판 토마토 주스가 등장했다. 토마토케첩 맛이 약간 느껴지는.

앞치마를 두르고 부엌에 서면 엄마가 요리하시던 모습이 떠오른다. 특히 아이들 줄 간식을 만들 때 엄마 생각이 난다. 엄마의 맛, 그때 그 맛의 기억을 더듬으며 요리하곤 한다. 추억의 맛은 또 이렇게 대를 이어 전해지나 보다. 엄마의 가르침대로 아이들을 키우려고 노력한다. 건강한 먹을거리로 자연이 지닌 고유한 맛을 즐길 수 있게 말이다. 엄마의 정성을 생각하니 그저 감사할 따름이다.

마요네즈

도깨비 방망이처럼 뚝딱 요리를 할 수 있다는 핸드 블렌더가 열풍이었다. 처음 나왔을 땐 가격이 지금보다 꽤 비쌌다. 그전까지 엄마는 손으로 거품을 내서 머랭을 만드셨다. 엄마에겐 굳이 필요치 않다던 핸드 블렌더였지만 날마다 갖고 싶다는 초등학생 딸의 말에 결국 사오셨다.

핸드 블렌더로 만들 수 있는 요리 레시피가 기계 사용설명서와 함께 박스에 들어 있었다. 레시피 중에는 마요네즈가 있었다. 식물성 오일, 달걀 노른자, 레몬즙이나 식초에 약간의 소금을 넣어 만든다는 내용과 함께. 핸드 블렌더로 처음 만든 요리는 마요네즈였다. 신선한 마요네즈 맛에 눈을 떴다. 그때 만든 마요네즈는 나의 첫 스페인 요리다.

살사 마오네사(Salsa Mahonesa), 마요네즈에 관한 토론은 때때로 종교 전쟁만큼 치열하다. 스페인 메노르카(Menorca) 섬 주민들은 이곳에서 마요네즈가 발명되었고

전 세계적으로 알려졌다고 확신한다. 1756년 영국으로부터 메노르카 섬을 뺏은 프랑스는 달걀과 올리브 오일로 만든 크림도 정복했다. 현지 주방장은 프랑스군 지도자였던 리슐리외의 지시에 따라 소스를 만들었다고 하지만 역사가들은 스페인에서 마요네즈를 언급한 16세기의 문서를 발견했다. 마늘 마요네즈 알리올리(Alioli)가 만들어지는 지중해 지역이자 스페인에서 올리브 오일은 어디든 존재하며, 오일과 달걀의 간단한 재료만으로 마요네즈가 만들어진다는 학자들의 의견을 기반으로 메노르카 섬의 마요네즈 기원설은 상당히 신빙성이 높다고 본다.

카탈루냐 도서관에서 발견한 1720년에 작성된 문서도 흥미롭다. 절구에 달걀노른자와 오일을 저어 만든 연고를 상처나 화상 부위에 발랐다는 내용이다. 이는 마요네즈를 만드는 전통 방식으로 스페인에서 마요네즈가 유래했다는 것을 뒷받침한다.

"스페인 소스 마요네즈로 만든 엔살라디야 루사(Ensaladilla rusa)야."

마드리드에서 온 스페인 친구 아나는 딸아이 생일 파티에 러시안 샐러드, 엔살라디야 루사를 내었다. 너무나도 익숙한 마요네즈와 달걀, 감자, 채소, 게맛살을 버무린 샐러드. 일명 사라다로 친숙하다.

스페인 어딜 가나 엔살라디야 루사를 흔히 볼 수 있다. 산세바스티안 핀초바에서는 엔살라디야 루사 핀초를 먹었다. 금방 만든 마요네즈는 고소하다. 백반집처럼 편안한 분위기의 리오하 와이너리 맛집 베누스(Venus)에서는 메누 델 디아(오늘의 메뉴)로 나온 엔살라디야 루사를 맛봤다.

왜 이름이 러시안 샐러드일까. 러시안 샐러드는 일명 올리비에 샐러드라고도 한다. 19세기 프랑스 혈통 벨기에 요리사 올리비에가 모스크바에 고급 식당을 열었고 그가 만든 러시안 샐러드가 인기를 끌며 널리 알려졌다. 당시 도스토예프스키와 차이코프스키까지 올리비에가 만든 마요네즈를 버무린 러시안 샐러드를 좋아했다. 지식인 사회에서 러시안 샐러드는 고급 요리로 통했다.

러시아에서 마요네즈 사랑이 유난하나 이는 올리비에가 러시아에서 만든 건 아니다. 1860년경 올리비에가 식당을 열기 이전에 1856년 프렌치 셰프 우르바인 뒤부아(Urban Dubois)가 쓴 『고전 요리(La Cuisine Classique)』라는 책에 러시안 샐러드라는 이름이 등장한다. 이 레시피는 스페인 셰프 손에서 전해졌다. 당시 요리 이름을 무작위로

짓는 경향이 있었고 샐러드에 러시아산 킹크랩이 들어가기 때문에 러시안 샐러드라고 했다는 얘기가 있다(스페인 슈퍼에서 캔에 담긴 러시아산 킹크랩은 별도로 투명한 박스에 담겨 자물쇠로 잠겨 있는 걸 볼 수 있다. 가격이 비싸기 때문이다). 올리비에 이전에 이미 스페인 식당에서는 러시안 샐러드라는 메뉴가 존재했다.

그보다 먼저 1845년에 출판한 영문 요리책에 러시안 샐러드와 같은 레시피가 나온다. 빅토리아 여왕의 수석 요리사였던 이탈리아 요리사가 쓴 레시피로 바닷가재, 멸치, 참치, 게, 새우, 올리브, 케이퍼와 마요네즈를 버무렸다. 이는 프렌치 셰프 앙토넹 카렘(Antonin Carême)의 이전 요리법을 수정한 버전이다. 왕들의 요리사, 요리사들의 왕으로 불린 카렘은 나폴레옹, 영국 조지 4세, 차르 알렉산더를 위해 요리했다. 그의 레시피는 각종 채소와 콩을 마요네즈에 버무린다는 내용이다.

마요네즈는 두루두루 잘 어울린다. 오징어 먹물 쌀요리 아로스 네그로의 화룡점정 같은 존재는 마늘이 들어간 알싸한 알리올리 소스다. 감자 오믈렛 위에 알리올리 소스를 올려 먹으면 느끼함을 잡아준다. 오징어 튀김 칼라마레스에 알리올리를 찍어 먹으면 맛이 배가 된다. 샌드위치 사이에 마요네즈가 없으면 왠지 허전하다.

영화 「줄리&줄리아」처럼

"언젠가 스페인의 맛을 책으로 쓰고 싶어."

문득 블로그를 해야겠다는 생각이 들던 어느 날. 블로그 이름을 뭐로 할까라는 물음에 머릿속에 스쳐 지나간 단어 페르마타. 음표나 쉼표 위에 반원에 점 하나가 그려진 기호, 음악 용어 페르마타는 늘임표라고도 한다.

페르마타는 악곡의 표정에 변화를 주기 위해 나타낸 기호다. 이 기호가 붙은 음표나 쉼표를 실제 적힌 길이보다 길게 늘여서 연주하라는 지시로 사용된다. 늘이는 길이는 연주자의 해석이나 악곡에서 기호가 붙어 있는 곳에 따라 달라진다.

내 인생을 음악에 비유한다면 블로그를 시작하던 시점이 페르마타라는 기호가 붙어 있는 때가 아닌가 싶었다. 출산과 육아를 하며 기존의 삶과는 완전히 다른 새로운 세계가 펼쳐졌고 현재도 진행형이다. 페르마타에는 '일을 하

다가 잠시 멈추다'는 뜻이 있다. 정지를 내포하고 있는 것이다. 커리어 면에서 출산과 육아는 잠시 멈춤을 가져다준 게 아닌가 하는 생각이 들었다.

그래서 이전의 삶을 연장하는 무언가가 필요했다. 블로그는 내게 그런 존재로 다가왔다. 쓰고자 하는 욕구를 충족시켜주는 공간이자 육아에서 벗어나 잠시나마 나만의 온전한 공간으로.

글의 주제는 스페인 음식.

기사 마감을 하던 어느 날 다이어리에 썼던, 스페인의 맛을 책으로 쓰고 싶다던 그 마음을 생생히 지켜내고 싶었다. 내 삶은 어느새 스페인으로 향했다. 난 스페인에 빠졌다. 왜라는 물음에 한 문장으로 답하긴 어렵다.

그 무렵 마드리드에서 온 스페인 친구 아나 돌스를 만났다. 운명적이었다.

아나는 남편 일로 한국에 왔다. 창의적이고 열정적인 아나. 그녀는 소피와 로라 두 딸의 엄마이기도 하다. 우린 말하지 않아도 서로를 이해했다. 아나와 나 사이에는 엄청난 화학 작용이 일어났다. 만나자마자 케미가 폭발했다. 우린 나만의 지적인 시간을 갖고 싶다는 갈증을 느꼈고, 스페인 음식이라는 공통분모가 있었다. 아나와 함께 우먼랩코리아를 만들어갔다. 우린 정기적으로 스페인 쿠킹 클래스와 스페인 음식문화 세미나를 열었다. 요리 솜씨가 뛰어난 아나는 집으로 초대해 스페인 가정식을 선보였다. 감동의 맛이었다. 이때부터 본격적으로 스페인 음식을 파고들었다. 마치 영화「줄리&줄리아」처럼.

영화는 실화를 바탕으로 만들었다. 줄리아(메릴 스트립)는 남편 일로 미국에서 프랑스로 이사했다. 말도 통하지 않는 외국 생활(나로 말한다면 육아 모드)에서 프랑스 요리에서 열정을 발견했다. 줄리아는 프랑스 요리책을 썼고 프랑스 요리 셰프가 된다.

뉴욕의 요리 블로거 줄리(에이미 아담스)는 일상에 활력을 주고자 블로그를 시작했다. 유일한 지원군은 남편뿐이지만 프랑스 요리 셰프 줄리아 차일드의 요리책을 보며 365일 동안 총 524개의 레시피에 도전한다. 그녀의 프로젝트는 점차 네티즌의 열렬한 반응을 얻으며 성공한다.

영화 속 두 주인공에서 내 모습이 보였다. 줄리아처럼

남편 일로 거주지가 변화했고 스페인 음식에서 열정을 찾았다. 처음에는 줄리처럼 매일 스페인 요리책을 보고 스페인 요리를 만들어 블로그에 올리려고 계획했지만 좀처럼 뜻대로 되지 않았다(참고로 영화에서 줄리는 아이가 없다. 난 아이가 둘. 24시간 업무 모드다. 핑계일지 모르나 줄리와는 상황이 다르다). 규칙적이진 않아도 스페인 음식에 관한 글을 계속 써갔다.

페르마타 기호는 연주자의 해석에 따라 달라진다. 페르마타는 악곡의 표정에 변화를 주는 만큼 강조의 의미를 지닌 기호다. 음표 위에 적힌 페르마타는 정지한 듯 보여도 그 또한 연주자의 감정이나 곡의 성격에 따라 두세 배 늘여진다. 겉으로는 들리지 않지만 속으로는 충실히 노래하는 순간이다. 즉 커리어의 잠시 멈춤이 아니라 커리어를 연장하고 있는, 멈춘 듯 보이지만 멈춤이 아니라 그 또한 시간의 흐름 속에서 온 마음을 다해 노래하는, 그다음 음표를 연주하기 위해 준비하는 시간이다.

"언젠가 스페인의 맛을 책으로 쓰고 싶어."

그 말은 현실이 되었다. 줄리아처럼.

작은 스페인, 타파스

타파스(Tapas)는 한 잔 술의 안주로 제공되는 소량의 음식을 말한다.

스페인에서 타파스는 정을 나누는 요리다. 타파스 한 접시로 사람들 간의 간격이 사라진다. 타파스는 정적을 깨우는 맛, 활기를 주는 맛이다. 타파스와 함께 얼굴을 마주하며 수다를 떨다 보면 일상이 더욱 가볍게 느껴진다. 어느새 공기가 부드러워지고 따뜻해진다. 스페인에서 삶의 기쁨 중 하나는 타파스 문화가 아닐까.

타파스의 매력은 그 종류만큼이나 무수하다.
타파스는 편안하고도 깊은 맛을 낸다.
혼술, 혼밥도 좋고, 여럿이 모여도 좋다.
타파스와 함께라면.

JOSELITO

음식을 가리지 않고 골고루 먹으며 조금씩 다양한 맛을 보는 걸 좋아하는 나. 말수가 없는 듯해도 이야기 문이 열리면 끝이 없다. 타파스를 먹는 장소(타페오, Tapeo)를 이동하며 타파스를 먹는(타페아르, Tapear) 유쾌한 어울림이 좋다. 행복의 맛이다.

타파스 문화의 기원은 여전히 열띤 논쟁의 주제다. 카스티야 연합왕국의 알폰소 10세가 이러한 즐거움의 창시자였을까. 톨레도를 중심으로 13세기 세비야, 코르도바, 하엔을 통치했던 군주 알폰소 10세는 음식의 칼로리를 줄이고자 의사에게 조언을 구했다. 이에 그의 요리사는 그에게 딱 맞는 맛있는 타파스를 선보였고 여기에서 타파스 문화가 시작됐다는 이야기가 있다.

또 다른 타파스 이야기도 있다. 화창한 남쪽 안달루시아에서는 셰리 한 잔을 동반한 야외 식사를 언제나 즐겼고, 와인에서 나는 감미롭고 섬세한 향기로 인해 곤충이 잔 속에 들어가는 것을 막고자 작은 덮개 또는 뚜껑이라는 뜻의 타파(Tapa)를 유리 잔 위에 놓았다는 것이다. 짠 기운의 올리브와 소량의 생선, 햄, 소시지를 비롯해 식욕을 자극하는 타파스를 작은 접시에 담아 와인과 함께 맛봤다는 게 안달루시아 기원설이다.

하지만 안달루시아에 진한 흔적을 남긴 무어족이 실제로 타파스 문화의 발명가였을 수도 있다. 그들의 북쪽 아프리카 가정에서, 특히 아랍 베두인족은 여전히 전통적이고 정성 어린 환대의 방법으로 여러 작은 요리를 제공한다.

세비야는 오늘날에도 타파스의 수도로 여겨지지만 도시마다 타파스 거리가 있고 산세바스티안에는 타파스와 같은 핀초 거리가 있다. 안달루시아의 많은 바에서는 와인이나 맥주 한 잔에 타파 하나를 무료로 제공한다. 특히나 스페인 각 지역에서 나는 풍부한 식재료로 만드는 타파스는 무궁무진하다. 스페인 북부는 해산물이, 지중해 연안 무르시아에는 채소가 그리고 남부는 생선(안초비) 튀김이 특산 메뉴다.

자, 이제부터 본격적인 타파스 여행을 떠난다. 올리브 절임과 판 콘 토마테(토마토 빵)는 식욕을 돋운다. 토제 냄비 카수엘라(Cazuela)에서 요리하는 라보 데 토로(Rabo de toro, 소꼬리 스튜)는 토속적이다. 이보다 작은 카수엘리타(Cazuelita)에 보글보글 끓여 만든 감바스 알 아히요(Gambas al ajillo), 바게트 빵에 하몬과 치즈 혹은 오징어 튀김이나 순대를 넣은 보카디요(Bocadillo), 카나페처럼 작은 빵 위에 다양한 재료를 올려 만든 몬타디토스(Montaditos), 꼴뚜기 튀김 치피로네스(Chipirones)까지.

초저녁에 시작한 타파스 투어는 자정이 지나도 멈추지 않는다. 하몬을 듬뿍 넣은 크로케타스와 감자튀김에 알리올리와 피멘톤으로 만든 브라바스(Bravas) 소스가 맛난 곳은 꼭 들른다. 양을 푸짐하게 담은 타파스 접시 라시온(Ración)으로 주문해 나눠먹기도 한다.

아침 식사 데사유노(Desayuno)로 타파와 커피 한 잔을 마신다. 점심 전까지는 출출하다. 11시 무렵 알무에르소(Almuerzo)에는 간단히 타파로 요기하고 점심 코미다(Comida)를 먹는다. 저녁 식사 세나(Cena)는 9시 무렵. 학교에서 돌아온 아이들은 배고프다. 저녁 식사 전 간식 메리엔다(Merienda)로 타파스를 먹는다.

타파스 각각은 그 자체로 작지만 몇 가지를 먹은 후에는 식사를 한 것처럼 느껴진다. 재료의 맛을 그대로 살려 만드는 타파스. 그 맛에 반해버렸다.

블룸버그통신의 건강국가지수에서 스페인은 여러 해 1위를 차지했다. 그 비결은 지중해 식습관이 담긴 타파스 문화와 낙천적인 삶의 태도가 아닐까. 한입거리 타파스는 작은 스페인이다.

겉은 바삭 속은 촉촉, 크로케타스

"타파스 맛집의 기준이 무엇인가요?"

"크로케타스(Croquetas)가 맛있다면 분명 맛집입니다."

안달루시아 코르도바에서 미쉐린 스타 레스토랑 초코(Choco)를 운영하는 키스코 가르시아 셰프를 인터뷰했을 때 그는 이렇게 대답했다. 크로케타스는 스페인 식당이나 바에서 주요 타파스 메뉴 중 하나다.

보기보다 만들기 쉽지 않기에 크로케타스가 맛있는 타파스 바는 손님들의 발길이 끊이질 않는다. 바스크 빌바오에 있는 타파스 바 라 비냐 델 엔산체(La viña del ensanche)가 그중 하나다. 이곳은 유명 레스토랑 가이드에 매년 목록을 올린다. 이 타파스 바에서 최상급 하몬 이베리코로 만든 크로케타스를 한입 맛보고는 감탄했다. 바삭하면서도 부드럽고 고소하고 깊은 풍미가 났다. 라 비냐 델 엔산체에서 저마다 주문하는 메뉴는 하몬 이베리코 크로케타

L'AERI
L'ESCOLANIA

스다. 90년이 넘게 같은 건물에서 장사하는 비결은 이 크로케타스에 있다. 겉모습은 평범해 보이나 맛은 절대 평범하지 않다.

크로케타스는 프랑스의 크로켓(Croquettes)에서 유래했다. 크로켓이라는 이름은 바삭한 소리가 난다는 동사 크로케(croquer)에서 왔다. 프랑스 프로방스 농촌 지역의 주부들이 크로켓을 만들었지만, 왕실의 고결한 주방에도 이 조리법이 그대로 올려졌다. 19세기 초 프렌치 요리사 앙토넹 카렘은 영국 왕자 리젠트와 러시아의 니콜라이 대공을 위한 연회를 특별하게 준비하도록 위촉받았다. 그는 이때 감자가 들어간 크로켓을 만들었다.

크로켓이 언제 스페인에 알려졌는지 명확하지 않지만, 19세기 중반에 스페인에도 크로켓이 들어왔고 20세기 초부터 스페인 가정에서 인기 요리로 알려졌다.

스페인에서는 각 가정에서 자신만의 크로케타스 비법이 있다. 크로케타스는 베샤멜 소스를 기본으로 속 재료에 따라 종류가 다양하다. 대구 크로케타스, 하몬 크로케타스, 코시도에 들어갔던 고기로 만드는 크로케타스, 블루치즈 크로케타스, 닭고기나 소고기, 시금치 크로케타스도 있다. 그중 단연 사랑받는 건 하몬 크로케타스다.

크로케타스는 자투리 음식을 재활용하는 조리법이기도 하다. 하몬 다리를 얇게 자르고 나서 뼈에 붙어 있는 하몬을 활용해 크로케타스를 만든다. 스페인 슈퍼마켓에서는 하몬 뼈에서 긁어낸 자투리 하몬도 판매한다. 앙상하게 뼈만 남은 하몬 다리를 우유에 넣어 하몬 풍미를 우려낸 후 그 우유로 크로케타스의 핵심인 베샤멜 소스를 만들기도 한다. 그러고 보면 하몬은 버릴 게 없다. 베샤멜 소스에 하몬을 넣고 속 재료를 완성하면 한두 입 크기로 모양을 내 밀가루, 달걀물, 빵가루 순으로 이를 감싼다. 키스코 가르시아 셰프는 크로케타스를 만들 때 손가락 두세 마디 길이가 적당하다고 말했다. 크로케타스는 겉은 바삭하며 속은 촉촉하고 부드러워야 한다. 크로케타스는 그야말로 스페인의 겉바속촉이다.

크로케타스를 한번 만들면 두루두루 활용된다. 출출한 아이들 간식으로도 좋고 술과 곁들이기에도 좋다. 하몬 크로케타스와 잘 어울리는 맥주는 라거 타입의 스페인 맥주 에스트레야담이다. 와인은 리오하에서 생산하는 비반코 레세르바를 추천한다. 스페인 토착 품종 템프라니요 90%와 그라시아노 10%를 블렌딩한 미디엄 보디 와인으로 시나몬, 정향, 가죽향이 느껴지며 약간의 타닌에 산미가 있고 긴 피니시에 과실향이 느껴진다.

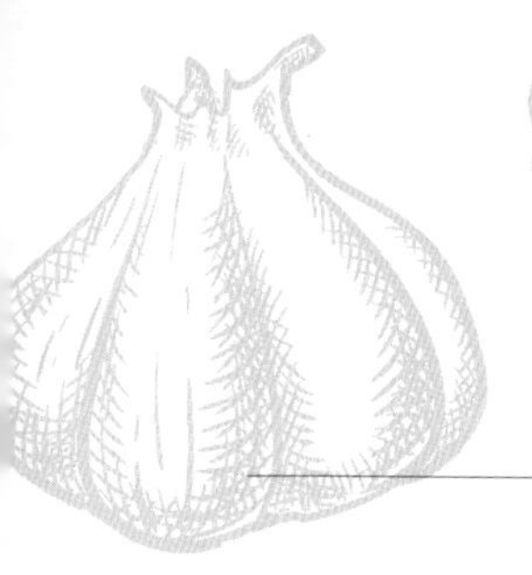

마늘이랑 결혼하고 싶어

우먼랩코리아는 스페인을 화두로 재미있는 발상을 했다. 스페인 음식 디자인이라는 주제로 아나 돌스와 세미나를 열었다. 이화여대 디자인학부 교수님과 학생도 수업의 일환으로 참석했다. 아나가 물었다.

"어떤 채소와 결혼하고 싶어?"

순간 마늘이 떠올랐다.

"난 마늘이랑 결혼할래. 마늘을 좋아해. 집에서도 요리에 마늘을 듬뿍 넣어. 생으로 먹으면 알싸하게 매콤하고, 불에 익히면 매운맛은 사라지고 단맛이 나. 마늘을 기름에 볶을 때 나는 향도 매력적이야. 또 한국과 스페인은 모두 생마늘을 먹으니까…."

마늘은 항암 작용을 하고 곰이 백일 동안 마늘을 먹고 사람이 되었다는 단군신화까지는 가지 않았다. 마늘이랑 결혼한다는 사람은 유일하게 나뿐이었다. 다들 보기만 해도 과즙미 넘치는 채소와 결혼하고 싶어 했다.

7살 때 매운 생마늘을 처음 맛봤다. 일종의 도전이었다. 대구에서 태어나 마늘로 시원한 맛을 내는 경상도식 소고기국을 먹고 자랐다. 부엌에는 마늘이 있어야 마음이 편하다. 마늘은 한식이든 스페인 요리든 두루 쓰인다. 대체로 스페인 사람은 매운맛에 약하다. 빵에 문지른 생마늘의 향과 맛을 즐기는 것이지 매운맛 자체를 즐기지는 않는다. 그건 나도 마찬가지다.

마늘은 빵과 올리브 오일과 함께 스페인 요리의 기초를 형성한다. 스페인 신문 「엘문도」의 기자로 일했던 미식 전문 작가 사비에르 도밍고는 스페인에 많은 요리가 있지만 그중 공통점은 마늘이라고 했다. 하지만 마늘이 늘 인기 있던 건 아니었다.

"마늘도 양파도 먹지 마라. 그 냄새가 농민을 배신할 것이다."

돈키호테는 산초 판사에게 이렇게 훈계했다. 세르반테스처럼 수많은 스페인 작가와 외국 작가들은 오랫동안 마늘을 가난한 사람의 향신료로 폄하해왔다. 14세기 카스티야의 알폰소 11세는 기사들이 궁전에 들어가기 전 한 달 동안 마늘 냄새조차 맡지 못하게 했다.

한때 경멸당한 마늘은 현재 카스티야 라만차 지역 농업 경제에서 중요한 분야다. 스페인에서는 지난 50년간 마늘 재배 지역이 4배로 증가했다. 카스티야 라만차는 보라색 마늘 아호 모라도(Ajo morado)도 유명하다. 이 지역에서는 7월에 마늘 축제도 연다. 통계자료에 따르면 평균적으로 스페인 사람은 매년 1.5kg 이상의 마늘을 먹는다. 한국에 간장마늘장아찌가 있다면 스페인에는 올리브 오일에 허브와 향신료를 넣고 담근 마늘 피클이 있다.

생마늘을 먹는 한반도와 이베리아 반도. 스페인 음식을 좋아하는 나로서 결혼하고 싶은 채소로 마늘 남편은 꽤 연관 있지 않은가. 이 이야기를 들은 남편은 마늘에게 질투할지 모르겠다(남편은 실제로 마늘을 안 좋아한다).

마드리드에서 요리를 배우다

마드리드 바라하스 공항에 내려 택시를 탔다. 연세 지긋한 택시 기사님이 이것저것 물으셨다.

"너 용감하다(투 에레스 발리엔테, Tú eres valiente)!"

한국에서 혼자 요리 배우러 스페인에 왔다는 말에 눈이 동그래지며 말했다.

그란비아를 지나 추에카에 도착했다. 거리는 온통 무지갯빛이었다. 마침 성소수자 축제가 열리는 기간이었다. 추에카는 특히나 게이가 많이 사는 동네다(뭔가 안심이 되었다). 숙소는 요리 실습을 할 수 있게 조리 기구를 포함한 부엌을 갖춘 아파트로 구했다. 도착한 날이 토요일 늦은 오후라 유심 칩을 구하기 어렵다는 생각에 공항에서 숙소 담당자에게 미리 이메일로 도착 시간을 알렸다. 택시에서 내려 커다란 가방을 끌고 두리번거리는데 여성 두 명이 다가왔다.

"한국에서 오셨죠?"

숙소에서 아 푼토 요리학교까지는 걸어서 3분도 채 안 되는 거리였다. 근처에는 산 안톤 시장이 있어 매일 장보는 즐거움을 만끽할 수 있었다. 완벽했다.

어느새 출발 전의 걱정은 사라지고 현지인 모드로 마음이 편해졌다. 특별히 주어진 혼자만의 시간. 스페인에서 지내는 귀한 시간 동안 스페인 요리를 배우고 맛보며 밀도 있게 보내야겠다고 다짐했다. 그저 감사했다.

다음 날 일요일. 오전부터 주말 특강 파에야 수업에 참석했다. 소믈리에이자 마케팅을 담당하는 로베르타가 반갑게 인사했다. 프랑스, 미국, 멕시코, 아르헨티나에서 온 학생들과 수업을 들었다. 물론 스페인 학생도 있었다. 그중 동양인은 내가 유일했다.

요리 전문 서점도 함께 운영하는 아 푼토에는 스페인 요리책을 비롯해 세계 각국의 요리 전문서적 5천여 종이 있다. 최신 밀레 주방 기기를 갖춘 이곳은 영어로 진행하는 스페인 요리 단기 수업과 스페인어로 진행하는 스페인 요리 집중 코스가 있다. 초급자부터 전문가 코스, 전통 요리와 분자요리, 스페인 요리와 인터내셔널 요리로 선택의 폭이 넓다. 수업은 매일 열린다.

punto
COCINAMOS IDEAS
Food & Drink Infographics

스페인어로 '아 푼토(A punto)'는 요리가 앞에 있을 때 '거의 다 됐다', '곧 먹을 준비가 되었다'를 의미한다. 영국과 이탈리아, 미국의 요리 전문 서점을 돌아다녀보며 요리학교를 열 계획을 세웠던 아 푼토는 2009년에 문을 열었다. 아 푼토에는 20명의 직원이 일한다. 요리학교 셰프, 서점과 마케팅 담당, 미식 영상과 사진을 촬영하고 콘텐츠를 제작하는 전문가가 있다. 이곳은 미식 문화에 열린 곳이다. 꿈을 이루는 공간으로 자유로운 분위기를 추구한다.

아 푼토에는 와인 소믈리에가 상주하며 전문 셰프의 요리 수업에 음식 전문 기자가 스페인 와인 강의를 진행한다. 수업에서 배우는 요리와 잘 어울리는 스페인 와인도 맛보며 깊고 풍부한 스페인 미식을 경험할 수 있다.

요리학교에서는 매일 아침저녁 새로운 요리를 배우며 와인을 마셨다. 이곳의 소믈리에는 사람들이 잘 모르는 스페인 와인을 선택한다. 숍에서 쉽게 찾을 수 있는 리오하와 리베라 델 두에로의 상업적인 특정 와인은 고르지 않는다. 스페인에서도 덜 알려진 하지만 보석 같은 와인을 소개한다. 수업에는 소리 소문 없이 음식 전문기자 아나가 스윽 나타나 와인과 음식에 관한 설명을 이어갔다. 아나의 목소리는 귓가를 간지럽히는 듯이 속삭이는 톤이었다.

요리에 사용하는 채소와 과일이 내 눈엔 모두 예뻐 보였다. 비옥한 토양에서 태양빛을 듬뿍 받고 자란 아이들. 윤기가 흐르는 새빨갛고 싱싱한 자태에 장식용 모형인 줄 알았다. 참 잘 컸다.

스페인에서는 토마토든 사과든 다양한 품종의 맛을

선택하고 즐길 수 있다. 아몬드도 마찬가지다. 마르코나(Marcona) 아몬드와 캘리포니아 아몬드의 맛이 다르다는 것은 수프 아호블랑코(Ajoblanco)를 만들었을 때 확연히 느껴졌다. 수업에서는 그 섬세한 맛의 차이를 알아갔다.

수업은 내용에 따라 서로 다른 셰프가 맡는다. 유머러스한 카를로니아, 차분한 아네테, 재치 있는 디에고, 센스 있는 다니. 이 중 카를로니아는 아 푼토의 헤드 셰프다. 갈리시아 바닷가 마을 근처에서 자란 카를로니아는 해산물과 생선 요리 전문이다. 산세바스티안 미쉐린 3스타 페드로 수비하나의 아케라레에서 일했던 카를로니아는 한국어를 배우려는 열의를 보였다. 각 식재료의 이름이 한국어로 무엇인지 묻고 말로 따라하며 노트에 필기도 했다. 난 카를로니아로부터 스페인어를 익혔다. 수업 시간에 궁금한 점이 있으면 언제든 질문했는데 선생님마다 매번 친절하게 알려줬다.

요리학교에서는 수강생끼리 서로 도와주며 자유롭고 따스한 분위기였다. 요리가 힘든 줄도 몰랐다. 그저 즐거웠다. 사부작사부작 하다 보면 어느새 요리가 뚝딱 완성. 그럼 이제 요리를 맛볼 차례다.

"케 리코(Que rico, 맛있다)!"

하루하루 요리에서 행복을 느꼈던 시간.
마치 꿈같다.

a punto

IDEAS

페란 아드리아

"소리가 아주 매력적이에요."
"소름이 쫙 돋는데요."

음악을 듣고 나누는 대화일까. 아니다. 이들은 요리를 하고 있다. 영화「엘불리-요리는 진행 중」의 한 장면이다. 엘불리(엘 부이, El Bulli)의 셰프 페란 아드리아(Ferran Adriá)는 맛을 위한 모든 감각을 일깨우는 데 집중한다. 바르셀로나 구시가지 람블라스 거리 근처에 그의 실험실 엘불리 타예르(El Bulli-Taller)가 있다. 엘불리 팀은 실험을 위해 인근 보케리아 시장에서 장을 봤다. 페란 아드리아는 한 해의 메뉴를 구성하고자 엘불리 타예르에서 새로운 맛을 탐구했다. 매년 최소 5천 개 이상의 실험적 요리가 쓰레기통으로 사라졌다. 1999년부터 엘불리는 10월에서 3월까지 매년 실험을 이어갔다. 이 기간 동안 엘불리는 문을 닫았다.

분자요리로 미식에 새로운 지평을 연 페란 아드리아. 엘불리에서 한 끼를 먹으려면 1천 대 1의 경쟁률을 뚫어야 했다. 그는 정작 자신의 요리를 분자요리라고 한 적이 없다. 새로운 요리, 누에바 코시나(Nueva Cocina)라 했다. 페란 아드리아의 요리는 연구 결과물이자 연구 대상이다. 페란 아드리아는 2010년 하버드대 초빙교수로 강단에 섰다.

엘불리는 미쉐린 별 3개는 물론, 영국 레스토랑 매거진 월드 베스트 레스토랑으로 다섯 번이나 이름을 올렸다. 2010년 미식 레스토랑으로서 한계를 발견한 엘불리는 스스로 변화하기로 결심했다. 2011년 7월을 끝으로 식당은 문을 닫았다. 페란 아드리아와 엘불리 레스토랑은 엘불리 재단(elBullifoundation)으로 다시 태어난다.

소규모 자본의 작은 레스토랑 엘불리는 높은 효율성과 지속적인 창조성을 보여줬다. 엘불리는 식도락의 패러다임을 바꿔놓았다. 엘불리는 미식 분야뿐 아니라 혁신 분야에서도 새로운 도전을 시도한다. 엘불리 재단은 그동안의 작업을 문서화해 사람들을 돕고 싶다는 새로운 꿈을 펼친다.

2018년 하버드 edX 강좌에 스페인 셰프가 대거 참여했다. 제목은 '과학과 요리: 고급 요리(오트 퀴진, Haute cuisine)부터 부드러운 물질과학.' 그 중심에는 페란 아드리아가 있다. 주제는 분자요리다. 하버드대 교수는 페란 아드리아의 요리를 화학식으로 설명한다. edX는 하버드대와 MIT에서 공동으로 만든 지식 공유 플랫폼으로 전 세계에서 언제 어디서든 누구든지 무료로 강좌를 들을 수 있다.

달걀인 줄 알았는데 치즈 맛이 난다. 닭에게 치즈를 줘서 달걀에서 치즈 맛이 날까. 아니다. 이건 치즈다. 달걀처럼 보이는 치즈. 페란 아드리아와 엘불리에서 일했던 호세 안드레스(José Andrés)는 2003년 페란 아드리아가 개발한 분자요리 기법, 공 모양의 얇은 막을 만드는 구형화-스페리피케이션(Spherification) 과정을 설명한다. 이를 발견했던 당시 페란 아드리아는 매우 흥분했다.

페란 아드리아는 2012년부터 2018년까지 그간의 엘불리 작업을 바탕으로 여러 전시회를 열었고 4권의 책을 출간했다. 이는 엘불리 재단을 구체화하는 과정이다.

엘불리의 효율성과 지속적 창의력에 여러 비즈니스 스쿨이 관심을 두고 있다. 컬럼비아대, 하버드대, UC버클리대, 런던 비즈니스 스쿨 등에서 페란 아드리아와 엘불리 사례를 연구한다.

2020년 2월 엘불리가 문을 연다는 소식을 듣고 페란 아드리아에게 인터뷰를 요청했다.

다음은 페란 아드리아와 나눈 인터뷰다.

엘불리가 다시 문을 연다고 들었습니다.

우린 레스토랑을 다시 열 계획은 아닙니다. 엘불리 레스토랑이 있던 자리에서 엘불리 재단의 새로운 프로젝트 엘불리1846을 시작합니다. 엘불리1846은 전시 실험실입니다. 1846은 고급 요리의 선구자인 프랑스 셰프 오귀스트 에스코피에(Auguste Escoffier)가 태어난 해를 의미합니다.
엘불리1846은 재능 있는 여러 팀이 연구합니다. 특히 중소기업(SMEs)을 중심으로 미식 분야에서 효율적 관리와 혁신적 태도를 달성하도록 돕는 것이 주목적입니다. 우린 엘불리1864를 통해 엘불리 DNA를 공유합니다. 날마다 새로운 날을 만들 것입니다.

엘불리 재단에서 당신의 역할은 무엇인가요.

엘불리 재단의 창립자이자 회장이며 모든 프로젝트의 주요 리더입니다.

새롭게 진행하는 프로젝트가 궁금합니다.

엘불리1846의 건축 작업을 진행하고 있으며, 2019년 말에 끝날 것으로 예상합니다. 우리가 일하는 바르셀로나의 불리피디아(Bullipedia)는 사피엔스(Sapiens) 없이는 이해할 수 없습니다. 불리피디아는 콘텐츠 플랫폼입니다. 우리가 연구한 미식의 세계(음식, 요리, 조리 도구, 음료, 재료)가 담겨 있습니다. 사피엔스는 불리피디아뿐만 아니라 모든 프로젝트를 개발하는 데 사용하는 방법론입니다. 이는 우리의 프로젝트를 끈으로 연결하는 DNA입니다.
앞으로 30권 이상의 책을 출간할 것입니다. 그리고 마지막으로, 엘불리의 역사박물관인 라불리그라피아(LABulligrafía) 프로젝트를 준비하고 있습니다. 일단 개념화되면, 최종 장소와 디자인을 결정할 것입니다. 더불어 디지털 버전의 아카이브도 연구하고 있습니다.

요리하는 남자

'여자가 부엌에 들어가면 큰일 난다'는 말이 있었다. 남자만 모여 요리하던 모임 소시에닷 가스트로노미카(Sociedad gastronómica), 미식협회 이야기다. 바스크 어부를 비롯해 남자는 밖에서 일했고 집에서의 모든 권한은 여자한테 있었다. 남자들이 미식협회가 모이는 장소 초코(Txoko)에 가면 아내의 잔소리로부터 해방되는, 가정에서 서열이 두 번째인 남자가 가족이라는 울타리에서 벗어나 오직 남자를 위한 남자만 있는 곳에서 자유 시간을 누렸다.

19세기 중반 산세바스티안의 노동자들은 시드레리아(Sidrería)와 선술집에서 만났다. 당시 이러한 장소가 증가했을 뿐만 아니라 남성끼리 정기적인 모임 스케줄을 만드는 게 필요했다. 그리하여 대중적인 미식협회 소시에닷 가스트로노미카가 탄생했다. 식당처럼 넓은 식탁에 부엌과 조리 기구를 갖춘 초코에서 친구와 만나 요리하고 음식을 먹고 저렴한 가격에 음료를 마시며 보드게임도 하고 노래도 불렀다. 초코는 바스크어로 '작은 모퉁이', '작은 장소'라는 뜻인데 즉, 먹고 마시는 곳을 말한다.

요리하는 남자 모임에 여성이 참여하지 못했던 또 다른 이유는 사회적으로 여성을 배제했던 관습 때문이다. 시드레리아와 선술집에 여성이 들어가는 걸 금지하는 표현은 없었지만 사실상 사회적 관습으로 여성이 이런 곳에 가는 게 거부됐다. 미식협회가 만들어진 이후에는 직업적 · 사회적 성차별에 의해서다. 당시만 하더라도 여성은 전문직을 가질 수 없었고 남성 전문직을 독점적으로 그룹화한 길드나 협회에 여성이 들어가는 건 드문 일이었다.

미식협회의 장소 초코는 마치 레스토랑처럼 보이지만 사적인 공간으로 오직 회원을 위한 독점적 공간이다. 회원 모두 문을 열 수 있는 열쇠를 갖고 있고 자신이 원하면 언제든 들어갈 수 있다. 협회 내에서는 친구끼리 작은 그룹으로 나눠 점심 또는 저녁 식사 준비를 위해 초코를 예약한다. 초코에서 회원 100여 명이 한꺼번에 저녁을 먹을 수도 있다. 식사를 위해 만나는 그룹은 찬장에 있는 소금과 오일을 제외하고 미리 장을 본다. 여기엔 주인이 없고 회원이 개별적으로 초코에서 소비한 모든 것을 기록한다.

부엌이 있는 초코에서 다른 회원의 친구와 가족이 만나기도 한다. 보통 두세 명씩 음식을 준비하고 식사 후에는 테이블에서 식사하는 모든 사람이 비용을 계산해 나누어 낸다. 이러한 비용에는 부엌과 기구를 사용하는 권리, 식재료 비용이 포함된다. 이들은 초코를 이용하려는

다음 회원을 위해 식사 후 설거지와 정리정돈을 직접 한다. 이는 아마도 최초의 셀프서비스 방식이 아닐까 싶다.

미식협회는 보통 바스크 요리책을 참고한다. 지역 제철 재료를 이용해 스튜 마르미타코(Marmitaco)와 톨로사의 알루비아스 콩(Alubias de Tolosa) 스튜, 구운 생선 요리를 한다. 미식협회에는 음식을 좋아하는 사람뿐만 아니라 훌륭한 요리사가 늘 있기 마련이다. 그룹끼리 서로 조리법을 교환하기도 한다.

회원끼리 완전한 신뢰가 필요한 미식협회에서는 서로 가족과 같은 정서를 느낀다. 친근한 분위기의 초코는 집과 식당의 중간 장소로 여겨진다.

한편 초코는 미식협회가 아닌 개인적인 모임의 장소를 의미하기도 한다. 바스크 스타일의 시골집 카세리오(Caserio)에서 친구와 가족을 초대해 먹고 마시는 문화가 있다. 이때 카세리오는 먹고 마시는 행위가 이뤄진다는 점에서 초코가 된다. 개인적인 친목 도모가 이뤄지는 카세리오에는 초대를 받기만 하면 갈 수 있다.

미식협회는 비영리 문화 단체다. 어떤 경우에도 협회의 수익과 자산을 회원 간에 나눌 수 없으며 수익성 있는 개인이나 법인에게 무료로 양도할 수 없다. 바스크와 나바라에 등록된 미식협회 수만 해도 2018년 기준 1,561개다. 3명 이상이 모이면 협회를 설립할 수 있는데 각 협회는 독립적인 단체로 개별적인 규칙이 있고 정부에서 따로 관리하지 않는다. 단, 스페인 전 지역에는 중앙 정부(마드리드)를 대신하는 지사가 있는데, 바스크에 있는 스페인 정부

©Guía Repsol

남자들끼리 모인 미식협회에서 요리한 후 함께 먹고 마시고 즐긴다. ©Hirian Aldizkaria

지사(Delegación del Gobierno)에 협회를 신고하면 된다.

팜플로나 출신 파블로는 바스크 알라바(Álava) 주에 있는 미식협회 이루냐(Iruña)에서 활동한다. 여기엔 회원이 아니라도 부엌에 들어가 요리할 수 있다. 스페인에서는 식당 내 금연이지만 미식협회 안에서 흡연이 가능한 곳도 있다.

바스크에서 미식협회는 만남의 장소 그 이상의 의미다. 형제애, 우정이라는 뜻을 지닌 최초의 미식협회 라 프라테르날(La Fraternal)은 먹고 노래하는 협회로 지역 공동체를 위한 스포츠나 문화 행사를 조직했다. 매년 1월 20일에 북을 치며 행진하는 산세바스티안 탐보라다(Tamborrada) 축제에 미식협회가 참여해 드럼 퍼레이드를 펼친다.

산세바스티안에서 1870년에 만들어진 우니온 아르테사나(Unión Artesana)는 현존하는 미식협회 중 가장 오래된 단체로 회원 수만 220명이다. 150년가량 옛 전통과 관습을 고수했던 보수적인 이 협회가 2018년에 첫 여자 회원 2명을 영입해 탐보라다 축제를 함께 기획했다는 소식이 뉴스로 보도됐다. 2005년 평등에 관한 바스크 법이 바뀐 후 이룬 변화로 아르테사나 이사회는 여성 회원 영입을 고무적으로 생각한다고 밝혔다. 미식협회 아르테사나는 탐보라다 축제 마지막 순서에도 참여하는데 광장에서 산세바스티안 깃발을 내리는 역할을 한다.

바스크 내에서 지역마다 미식협회의 모습은 달랐다. 19세기 앵글로 색슨 문화에 흠뻑 빠진 빌바오 사람들은 당시 영국 클럽의 이미지를 미식협회로 가져와 소수만 이용할 수 있는 계급주의를 부여했다. 처음부터 노동자 계급이 미식협회에 가입했던 산세바스티안과는 다른 모습이었다. 현재는 모두에게 열린 미식협회로 계급주의는 사라졌다. 몇몇 미식협회에서는 여성 회장이 존재한다. 역사적 문화적 본질을 유지하면서 사회 변화를 받아들인 모습이다.

미식협회를 경험하는 여행 상품도 있다. 관광객은 전통 시장 구경도 하고 회원 간에 비밀스러운 장소였던 초코에 가서 점심 식사를 준비하는 모습을 지켜본다. 가족적인 분위기에서 요리를 맛보고 와인을 마시며 바스크 미식 문화를 깊이 체험한다. 이러한 미식협회에서는 관광객에게 레시피를 제공한다.

바스크 이외에도 학업이나 일, 가정 사유로 해외에 살고 있는 바스크 사람끼리 만든 미식협회를 발견한다. 이들은 음식을 나누면서 바스크어 코스, 바스크 춤, 바스크 문화를 홍보한다. 아르헨티나, 멕시코, 우루과이에도 미식협회가 있다. 이는 바스크 이민 사회에서 중요한 그룹이다.

요리가 취미이자 생활인 남자들이 사는 곳. 바스크가 미식의 도시인 이유 중 하나가 소시에닷 가스트로노미카가 아닐까. 스페인 미쉐린 2스타 식당에서 일한 고로스티자 셰프를 인터뷰했을 때 그의 첫 마디가 이랬다.

"저는 바스크 출신입니다."

그의 자부심 가득한 눈빛과 표정을 이해한다. 요리하는 남자, 미식협회가 있는 바스크에서 왔다니.

PART 2

스페인의 맛

SABOR A ESPAÑA

북서부&북부
Asturias
Cantabria
País Vasco
Galicia
Navarra
La Rioja
Castilla y León
Cataluña
Aragón
Madrid
중부
북동부
Valencia
Extremadura
Castilla-La Mancha
Balearic Islands
Murcia
Andalucía
남부

스페인 북서부&북부

Noroeste y norte de España

해산물 천국 갈리시아.

산티아고 순례자들의 허기를 채워주는 아몬드 케이크와 엠파나다.

사과주 시드라와 유제품의 땅 아스투리아스.

미식의 성지 바스크 산세바스티안은 식도락가의 발길을 모은다.

산세바스티안의 핀초는 미니어처 요리다.

북서부

갈리시아(Galicia)

아스투리아스(Asturias)

칸타브리아(Cantabria)

북부

바스크(País Vasco)

1

산세바스티안 요리, 핀초

Pintxo

스페인 북부 바스크는 요리로 말하자면 최고 지역 중 하나다. 스페인에서 미쉐린 별 세 개를 단 식당(2022년 가이드 기준)은 열한 곳. 이중 네 곳이 바스크에 있다. 바스크 지역에서도 특별한 미식의 도시, 산세바스티안(San Sebastián)에만 별 세 개의 레스토랑이 세 곳(마르틴 베라사테기, 아케라레, 아르삭)이 있다.

인구 18만인 작은 도시 산세바스티안에 어쩜 이리 맛집이 몰려 있을까. 전 세계 미식가의 발길을 모으는 산세바스티안은 지역 식재료를 기본으로 전통과 현대를 결합한 최고급 요리를 선보인다. 골목에서 흔히 맛보는 핀초는 산세바스티안 여행의 묘미다.

핀초, 핀초스(Pinchos, 스페인어 핀초의 복수형이다. 바스크어로는 Pintxos)는 핑거푸드로 한입거리 요리다. 핀초는 바스크어(스페인은 지역마다 고유한 언어가 있다)로 '뾰족한 막대로 찌르다'라는 뜻이다. 즉 기다란 꼬챙이로 고정시켜서 만든 요리가 핀초다.

핀초는 단순히 빵 조각 위에 치즈나 하몬을 슬라이스해서 올린 게 아니다. 다양한 재료로 입안에서 구체적인 맛과 풍미를 전하는 개별적인 요리다.

'스페인'이라 하면 어떤 모습이 가장 먼저 떠오를까. 성난 소에게 빨간 천을 휘두르는 투우의 한 장면이 아닐

까. 투우에서 소를 찌르는 긴 창을 반데리야(Banderilla)라고 하는데 핀초는 처음에 반데리야로 불렸다. 산세바스티안에서도 마찬가지로 스페인 전통 투우에 열광했다. 예전에는 긴 막대에서 투우를 연상했다면 오늘날에는 핀초를 떠올린다.

핀초는 정해진 레시피나 형식이 없다. 핀초는 창의적이며 변화무쌍한 요리다. 모양과 색깔, 맛과 향에 있어서 언제나 새롭다. 핀초는 자유와 혁신의 아이콘이자 미니어처 요리다. 산세바스티안 어느 바나 레스토랑에서 볼 수 있는 핀초. 간단한 간식거리부터 창조적인 요리 작품에 이르기까지 한입거리 요리에 사람들은 열광하고 있다. 산세바스티안에서 핀초는 대단한 현상이다. 오늘날 핀초는 더 다양해졌다. 전통적인 빵과 꼬챙이는 더 이상 필수 요소가 아니다.

바스크 지역의 식재료를 활용해 분자요리법을 더한 핀초를 선보이기도 한다. 재능 있는 요리사가 열정적으로 경쟁하여 최고의 핀초를 창작하는 연례 콩쿠르도 있다. 우승자는 스타 핀초, 핀초 에스트레야(Estrella, 스페인어로 별)가 된다. 이러한 핀초를 메뉴에 넣은 식당은 이를 자랑스럽게 여긴다.

산세바스티안에서는 점심이나 저녁 식사 전에 핀초스바에 들러 와인이나 맥주 혹은 음료를 곁들여 먹는 행위를 바스크어로 치키테오(Txikiteo)라 한다. 일상적으로 편안하게 다가가면서도 고급 요리로 변신이 가능한 핀초. 산세바스티안에서는 저마다 핀초스바 순례에 나선다.

핀초의 유래에 관한 이야기가 흥미롭다. 아이러니하게도 핀초는 대단한 요리사가 만든 게 아니다. 요리사도 아닌 고객이 만든 게 첫 핀초다. 산세바스티안의 바 겸 나바라(Navarra, 산세바스티안 인근 와인 산지) 와인의 창고였던 카사 바예스(Casa Vallés)에서 핀초의 역사가 시작됐다.

장난기 넘치던 호아킨 아란부루(Joaquín Aranburu), 일명 부르부하(Burbuja, 스페인어로 거품이란 뜻)로 불리던 그가 카사 바예스에서 올리브에 풋고추 피클과 안초비를 이쑤시개에 고정해서 반데리야, 즉 핀초를 만들었다. 그는 자신의 요리에 '힐다(Gilda)'라는 이름을 붙였다.

「힐다」는 영화배우 리타 헤이워드가 주연했던, 산세바스티안에서 처음으로 상영했던 영화다. 이 영화에서 영감을 받은 그는 자신이 만든 맵고 섹시한 창작물을 '힐다'라고 불렀다. 핀초는 이렇게 탄생했다. 때는 1946년이다.

산세바스티안에 언제부터 핀초스바로 가득 찼을까. 핀초스바 현상은 1940년대에서 1990년대에 바스크 기푸스코아(Gipuzkoa, 산세바스티안이 주도, 바스크는 세 개의 주로 나뉨) 주에서 바스크 주요 도시로 이어졌고, 21세기 초부터 바스크를 넘어 스페인 전역으로 뻗어갔다.

스페인 다른 지역에서는 핀초를 타파(Tapa)라고도 하지만 산세바스티안 사람들은 어디서든 핀초라고 해야 한다고 주장한다. 명성 높은 요리 교육 기관인 바스크 컬리너리 센터(BCC)에서 바스크 미식 이론을 강의했던 음식 전문 기자 호세마 아스페이티아는 핀초의 유래가 분명한 만큼 타파가 아닌 '산세바스티안의 핀초'라고 말한다.

산세바스티안에서 핀초스바 순례에 나섰다. 한곳에 오래 머무르기보다 각기 다른 핀초스를 요리하는 식당으로 옮겨 다니며 먹는 것을 하나의 문화로 즐기는 재미가 있다. 핀초스바가 몰려 있는 해안가 구시가지 거리에는 사람들로 붐빈다. 문밖에서 기다려야 하는 곳도 있기에 일찍부터 서두르는 편이 좋다. 일단 누가 먼저 왔는지 기다리는 손님끼리 서로 눈치껏 알아차리고 직원에게 알린다. 또한 주문할 때마다 같은 바텐더를 찾는 것이 좋다. 핀초스바 메뉴는 영어와 스페인어, 바스크어로 적혀 있다. 바에 미리 진열해놓은 핀초스를 판매하는 곳도 있고 손님이 주문하는 즉시 핀초를 요리해주는 식당도 있다. 여기에 레드와인 혹은 차콜리(Txakoli, 탄산이 들어 있는 화이트 와인)나 맥주 한 잔이라면 그 순간 더 이상 바랄 게 없다. 아니다. 새롭고 맛있는 핀초를 또 맛보고 싶어지게 될 것이다.

Tip. 바스크어로 적힌 핀초스바 주요 메뉴 설명

안초아 Antxoa : 안초비(멸치)
바칼라오 Bacalao : 대구
찬구로 Txangurro : 거미 게
치스토라 Txistorra : 나바라와 바스크 지역 소시지로 피멘톤을 넣은 초리소와 비슷하다.
코코차스 Kokotxas : 대구 턱 부위 살점으로 만든 바스크 진미

Noroeste y norte de España

2

소금기 가득 흰살 생선, 대구

Bacalao

스페인 북서부&북부

바스크 어부들이 차가운 바다로 향했다. 때는 중세 시대, 테라노바(Terranova)라고 하는 캐나다 동쪽 끝 뉴펀들랜드(Newfoundland)로 고래 사냥을 나섰던 바스크인들이 배에 가득 실은 건 대구였다. 입과 머리가 커서 붙여진 이름 대구, 바칼라오(Bacalao)는 스페인에서 빼놓을 수 없는 식재료다.

세르반테스의 작품 『돈키호테』에서 뉴펀들랜드로부터 잡아온 바칼라오(대구)를 이렇게 말한다.

"카스티야에서는 아바데호(Abadejo, 명태도 대구의 일종) 안달루시아에서는 바카야오(Bacallao) 그리고 다른 지역에서는 쿠라디요(Curadillo, 말린 대구) 혹은 트루추에라(Truchuela, 작은 대구)라 부른다."

가톨릭 전례에서 금육을 하는 사순절 금요일에 고기를 대신하는 음식으로 대구가 각광받으며 스페인 전역에 퍼졌다. 패스트푸드점의 피시 버거가 탄생한 배경도 이와 비슷하다. 이 시기에 매출이 떨어져 고기 대신 생선으로 패티를 만들면서 오히려 매출을 상승시켰다고 한다. 염장 과정을 거친 대구는 장기 보관이 가능하고 가격도 저렴해 스페인 식탁에 자주 오르는 생선 중 하나다.

1476년 포르투갈 선원 주아오 바스 코르테 레알(João Vaz Corte-Real)은 뉴펀들랜드를 대구의 땅이라고 했다. 오늘날에 대구는 바렌츠(Barents, 러시아와 노르웨이 사이) 해역에서 가장 많이 잡힌다.

2015년 11월 산세바스티안의 해군 박물관(El Museo Naval de San Sebastián)에서 16세기부터 뉴펀들랜드에서 대구를 잡았던 바스크 어부의 일상을 담은 전시가 열렸다. 전시회는 바스크인의 삶을 조명하며 보이지 않는 곳에서 묵묵히 일하던 이들에게 경의를 표하는 자리였다. 이와 관련한 문서, 지도, 포스터를 통해 간접적으로나마 바칼라오를 잡으러 나섰던 바스크 어부의 삶을 엿볼 수 있었다.

대구잡이 어부는 얼음과 추위를 견뎌야 하며 바스크에서 배를 탄 지 5개월이 지나서야 땅을 밟는다. 배가 항구에 도착하면 바스크 여인은 대구를 운반했고 건조와 판매를 담당했다. 배에서 육지로 대구를 내린 후 20일간 작업은 계속됐다.

스페인에서 대구 요리법은 다양하다. 스페인 유명 음식 평론가이자 바스크 요리 전문가인 라파엘 가르시아 산토스(Rafael García Santos)는 『바스크 요리 바칼라오(El Bacalao en la Cocina Vasca)』를 출간했다. 북서부 산탄데르 출신인 라파엘은 그의 대구 요리 책에 19세기 작가이자 미식 전문가였던 마리아노 파르도 데 피게로아[Mariano Pardo de Figueroa, 필명 닥터 테부셈(Doctor Thebussem)]가 1888년 외국에 잘 알려진 스페인 요리가 파에야와 바칼라오 아 라 비스카이나(Bacalao a la vizcaína)라고 한 부분을 인용했다.

비스카이나는 바스크 자치 지방 대표 도시 빌바오가

있는 비스카야(Vizcaya) 주를 의미한다. 바칼라오 아 라 비스카이나에는 대구와 마늘, 양파, 올리브 오일, 빨간 고추의 일종 피미엔토 초리세로(Pimiento choricero), 밀가루가 들어가며 특별히 하몬 뼈로 풍미를 높인 로제 소스가 특징이다.

토마토소스가 들어가는 바칼라오 아 라 리오하나(Bacalao a la riojana)는 라리오하 지역의 대구 요리다. 바칼라오 아 라 리오하나와 비슷한 요리로 아호아리에로(Ajoarriero)가 있다. 라리오하에서 가장 큰 도시 로그로뇨(Logroño)에서 유명한 식당 타베르나 에레리아스(Taberna Herrerías)에서 아호아리에로를 맛봤다.

대구를 한 입 크기로 잘라 아호(Ajo, 마늘)와 감자, 토마토소스를 곁들인 아호아리에로는 옛날 노새를 이용해 물건을 운반하던 아리에로(Arriero)가 나귀들이 목초지에서 풀을 먹는 동안 소금에 절인 대구로 요리하면서 유래했다. 오랜 시간 이동했던 아리에로에게 장기 보관이 가능한 염장 대구는 주요 식량이었다. 아호아리에로는 라리오하 근처 나바라의 요리다.

바칼라오 요리 중에서 가장 유명한 바스크 요리 바칼라오 알 필필(Bacalao al pil pil)은 대구의 점성을 이용한 요리로 마늘과 매운 고추를 토핑한다. 여기서 필필(pil pil)은 올리브 오일에 대구를 튀길 때 나는 소리 필(pil)에서 왔다. 이름도 재미있는 바칼라오 알 필필을 마드리드 요리학교 아 푼토에서 배웠다.

대구를 익히면서 나오는 육즙과 올리브 오일을 서로 휘저어 만든 걸쭉한 상태의 필필 소스가 바칼라오 알 필필의 핵심 포인트다. 준비 재료도 간단한 만큼 바칼라오 알 필필은 우리 집 식탁에도 자주 올리는 메뉴다.

3

바스크 어부의 스튜, 마르미타코

Marmitako

새빨간 국물이 식욕을 자극하는 마르미타코(Marmitako)는 겉보기엔 참치 찌개랑 비슷한 요리다. 아나 돌스가 바스크 요리 마르미타코 수업을 연다며 보내온 사진이 딱 그랬다. 마르미타코는 바스크에서 어부가 즉석으로 잡은 생선과 감자를 넣어 배에서 간단히 해먹는 요리에서 기원했다. 그럼 매운탕에 가까운 요리일까. 수업 전까지 궁금증은 더해졌다.

마르미타코는 '마르미타(Marmita)'라는 냄비 이름에서 유래했다. 마르미타 냄비는 납작하지 않고 길쭉하게 생겼다. 마르미타는 위선자라는 뜻이다. 냄비 안에 무엇이 요리되는지 모르는, 뚜껑을 열기 전까지 속을 알 수 없다는 의미다.

바스크 산세바스티안에서 피아니스트로 활동하는 마리아는 어렸을 때 어머니가 큰 냄비에 10인분의 마르미타코를 만들었다고 했다. 커다란 솥에 두세 시간 끓여 만든 마르미타코를 보면 약간 두렵기도 했단다. 집에서 곰탕 한 번 끓이면 매끼 곰탕을 먹듯 마르미타코를 하루 종일 먹었다는 이야기를 우스갯소리로 말했다. 마르미타코는 전형적인 바스크 요리로 주로 여름에 먹지만, 추운 겨울에 더 잘 어울리는 요리가 아닐까 싶다.

바스크 가정의 식탁에 오르기 전 마르미타코는 바스크의 어부가 배 위에서 만들던 요리다. 옛날에는 배에서 음식을 조리할 여건이 부족했다. 낚시한 가다랑어(참치)에 감자와 몇 가지 재료를 더해 만든 마르미타코는 선원들의 식사로 안성맞춤이었다.

가다랑어는 온대 및 열대 바다에 서식하며 동부 태평양 연안과 대서양 열대 지방, 지중해 지역에서 많이 잡힌다. 여름철에 집중적으로 잡히는 가다랑어. 6월에서 9월까지 바스크의 가다랑어 잡이 어선은 바다로 나간다.

참치캔의 주원료인 가다랑어로 만드는 마르미타코는 감자, 양파, 고추, 토마토가 주된 재료다. 가다랑어 대신 연어나 명태로 만들기도 한다. 스페인에서 고추인 피미엔토(Pimiento)의 종류가 다양한데 뇨라(Ñora)라고 하는 빨갛고 동그란 고추나, 길쭉하게 생긴 피미엔토 초리세로를 말려 물에 불렸다가 속에 있는 펄프만 긁어서 마르미타코에 넣는다. 맵지 않고 달콤한 맛이 나는 말린 고추의 과육 뇨라와 피미엔토 초리세로는 슈퍼마켓에서도 쉽게 살 수 있다. 나에겐 이 둘이 스페인식 고추장으로 보였다.

마르미타코의 또 다른 포인트는 감자다. 감자를 반듯하게 깍둑썰기하지 않고 감자에 칼을 대고 정형화된 모양이 나오지 않게 똑똑 끊어서 준비한다. 이를 감자 썰기라고 해야 할지 아니면 감자 끊기라고 해야 할지, 감자를 다루는 이런 방식도 새롭게 느껴졌다. 라틴아메리카에서 감자가 들어오기 전까지는 마르미타코에는 순무나 밤이 들어갔다.

갈리시아와 아스투리아스에서는 마르미타코를 '카수엘라(Cazuela)', '마르미타(Marmita)', 혹은 '칼데레타(Caldereta)', '참치 칼데이라다(Caldeirada)'라고도 한다.

요리 수업의 하이라이트는 시식 시간이다. 아나 돌스와 마르미타코를 맛봤다. 익숙한 찌개 맛이다. 밥 생각이 났다. 국물에 밥을 말아 먹고 싶었다.

4

축제의 문어, 풀포 아 페이라

Pulpo a feira

스페인에서 해물요리를 맛보고 싶다면 갈리시아다. 북서부 갈리시아는 1천km가 넘는 해안을 자랑한다. 이 지역 차가운 바다에서 갈리시아의 진미가 서식한다. 연간 300여 개의 미식 축제가 있는 갈리시아. 고품질 식재료로 만든 요리는 여행객의 발길을 모은다.

문어는 축제의 단골 메뉴다. 고대 그리스인들은 문어가 남성의 힘과 정력에 좋다고 굳게 믿었다. 이는 갈리시아에서도 예외가 아니었다. 청동기 시대부터 야생 조랑말을 훈련시켰다는 갈리시아 사람들. 15세기부터 매년 7월 첫째 주 산티아고 데 콤포스텔라에서 40km 떨어진 사부세도(Sabucedo)에서 열리는 일명 '짐승 길들이기'라는 라파 다스 베스타스(Rapa das bestas) 축제는 인간과 야생마의 대결이다. 젊은 남성들이 새벽에 언덕 산을 올라 그 지역에 사는 야생마를 찾아 마을로 데려오고, 원형 경기장 형태의 쿠로(Curro)에서 알로이타도르(Aloitador, 말의 털을 깎는 청년)는 야생마의 갈기와 꼬리를 다듬는다. 이는 인간과 길들여지지 않은 짐승 간의 전투다. 힘겨운 노동이 끝나면 음식과 와인을 먹으며 춤을 추고 노래한다. 이때 문어를 둘러싼 신화적 내용이 더해져 흥을 돋우는 음식, 축제의 문어라는 요리, 풀포 아 페이라(Pulpo a feira)를 즐긴다. 이를 갈리시안식 문어, 풀포 아 라 가예가(Pulpo a la

gallega)라고도 한다.

갈리시아산 문어는 육질이 차지고 부드럽다. 아프리카에서 잡히는 문어는 색이 좀 더 검고 덜 부드럽다. 갈리시아 앞바다에서 흔히 잡히는 문어는 가격도 좋고 맛있으며 조리법도 간편하다. 경상도 내륙 지역 안동에서 문어숙회를 즐겨 먹듯 스페인에서도 연안에서 내륙으로 운반되던 해산물 중 하나가 문어다. 안동 문어가 쫄깃하다면 갈리시안 문어는 이보다 부드럽다. 전통적으로 안동 지역 잔칫상에 참문어로 만든 문어숙회를 올리듯 갈리시아의 참문어도 잔칫날 음식이다. 축제가 열리는 갈리시아 곳곳에서 문어를 삶는 커다란 솥을 볼 수 있다. 갈리시아에서는 손님상에 안주로 문어가 빠지지 않는다.

남유럽에서는 오래전부터 문어를 먹었다. 1세기 로마 시대의 요리책 『아피키우스(Apicius)』에는 문어 요리에 관한 첫 기록이 있다. "삶은 문어에 고추와 가룸(Garum, 고대 그리스에서 유래한 발효된 생선 내장 소스) 그리고 페르시안과 아르메니아 사이에서 자란 식물 추출물을 곁들인다." 이는 오늘날 갈리시안 문어 요리와 비슷하다.

갈리시아에서는 파프리카 가루 피멘톤(Pimentón)을 생산하지 않는데 갈리시아 문어 요리에 언제부터 피멘톤을 넣었을까. 16세기 무렵 신대륙에서 가져온 피멘톤은 해산물이나 고기를 보존하는 데 사용했고, 19세기 후반 가축 시장에서 관람객을 위한 음식으로 준비한 문어 요리에 피멘톤과 올리브 오일을 곁들였다. 풍물 장터는 하나의 축제였다. 요즘도 갈리시아 시골 마을에서 가축 시장이 열리면 풀포 아 페이라를 먹는다.

문어 요리와 잘 어울리는 와인으로는 굉장히 신선한 호벤(Joven, 젊은) 와인 즉 영와인이며, 갈리시아 토착품종인 멘시아(Mencía)로 만든 DO* 리베이라 사크라(Ribeira Sacra)와 DO 리베이로(Ribeiro)의 레드 와인을 추천한다.

2천여 년 전부터 와인을 만들기 시작한 갈리시아에는 5개의 DO가 있다. 이중 대서양 연안의 리아스 바이사스(Rías Baixas)는 가장 큰 DO로 알바리뇨(Albariño)가 주요 품종이다. 나머지 DO는 갈리시아 내륙 지역으로 리베이로, 리베이라 사크라, 몬테레이(Monterrei)와 발데오라스(Valdeorras)다. 70개의 토착 품종이 있는 갈리시아는 80%가 화이트 와인이다.

갈리시아 와인 가이드를 쓴, 아버지와 아들이 모두 소믈리에인 루이스 파딘과 알레한드로 파딘은 한국 여행객이 방문하면 좋을 갈리시아 와이너리로 마르틴 코닥스(Martín Codax)를 추천했다.

갈리시아의 뿌리는 켈트족의 역사다. 축제에서는 플라멩코가 아닌 아일랜드와 영국 스타일의 음악으로 백파이프와 드럼을 연주한다. 갈리시아는 스페인 속 또 다른 스페인에 온 듯한 느낌을 선사한다. 문어 한 점에 와인 한 모금. 일상이 축제다.

*DO_Denominación de Origen, 스페인에서 지정한 와인 원산지 표시

5

갈리시아 바다의 진수, 거북손

Percebes

"거북손을 맛보지 않고는 갈리시아를 이해할 수 없다."
_미쉐린 스타 셰프, 이반 도밍게스(Iván Domínguez)

한때 세상의 끝이라 믿었던 라코루냐(스페인어로 La Coruña, 갈리시아어로 A Coruña) 해변. 이곳에는 로마 시대 1세기 중반에서 2세기 초에 지어진 것으로 추정하는 헤라클레스의 탑이 있다. 전설에 따르면 헤라클레스는 거인 게리온을 죽였고 포세이돈과 메두사의 손자였던 게리온의 머리는 라코루냐에 묻혔다고 한다.

거북손은 지구상에서 가장 오래된 등대 헤라클레스의 탑 너머 차디찬 바다 바위틈에 서식한다. 거북의 손을 닮은 거북손을 스페인어로는 '페르세베스(Percebes)'라고 한다. 따개비과에 속하는 거북손을 영국에서는 갓 부화한 거위 목처럼 생겼다고 해서 거위 목 따개비(gooseneck barnacle)라고 하는데, 어찌 보면 코끼리 다리를 닮은 것 같은 거북손은 형형색색 손발톱 모양에 생김새가 범상치 않다.

거북손을 먹는다는 건 바다를 맛본다는 것. 열렬한 거북손 애호가는 갈리시아로 떠난다. 갈리시아에서는 말한다. 거북손은 절묘한 바다 스낵이자 해산물의 왕이라고. 거북손 그 자체만으로도 스페인 북서부의 아름다운 바다

여행을 할 만한 가치가 있다. 거북손은 갈리시아 바다의 진수다. 껍질을 벗겨 분홍빛 속살을 입에 넣으니 갈리시아 바다가 내게로 왔다.

거북손은 파도가 몰아치는 바위틈에 붙어 산다. 페르세베스를 잡는 어부를 페르세베이로(Percebeiro)라고 한다. 이들은 죽음을 두려워하지 않고, 바다와 맞선다. 페르세베이로는 거북손이 서식하는 바위의 모습을 기억한다. 가장 용감하고 경험이 많은 사람이 허리에 로프를 매고 파도치는 절벽 위에 올라가 거북손이 자라는 바위틈으로 향한다. 대서양 거센 파도가 바위를 내리치지 않을 때 물에서 위험한 작업을 시작할 수 있다. 파도가 바위를 치고 지나가면 이때 재빠르게 거북손을 채취한다. 거북손을 채취하려면 파도의 흐름을 읽는 순발력이 필요하다.

극도로 주의를 기울여 날카로운 칼을 이용해 석회암층에 붙어 있는 거북손을 따면 허리춤 앞에 맨 그물망에 거북손을 던진다. 파도는 세고 바위는 미끄럽다. 그래서 거북손을 채취하다 파도에 휩쓸려 죽은 어부도 많다. 극한의 작업 환경이기에 거북손은 비싸다. 1kg당 평균 가격은 100유로. 갈리시아에서 80유로로 낙찰 받은 거북손은 마드리드로 가면 150유로 이하로 떨어지지 않는다.

거북손을 채취하려면 면허가 있어야 한다. 직접 수영해서 도보로 바위에 오르는 면허를 받은 페르세베이로는 6명이며, 허가받은 36척의 배만이 거북손이 서식하는 바위섬 근처로 갈 수 있다. 그러나 불법 조업은 여전하다. 거북손은 갈리시아에서 가장 비싼 해산물이기 때문이다.

거북손을 잡는 날은 정해져 있다. 만월에 해수면이 하루 중 가장 낮아졌을 때, 달 지구 태양이 일직선상에 놓여 달과 태양이 해수에 미치는 인력으로 조차가 더 커진 날, 음력 초하룻날과 보름날이 거북손을 잡는 날이다. 더구나 날씨가 좋아야 한다. 날씨 사정으로 인해 보름이 지나 한 달을 기다려야 할 때도 있다. 썰물이 일어나면 바위에 붙어 있는 거북손이 건조한 모습으로 드러난다. 최고의 거북손은 빨간 손톱을 지녔고 엄지손가락처럼 굵다. 포르투갈과 모로코에서도 거북손을 볼 수 있지만, 라코루냐 주 코스타 다 모르테(Costa da Morte)에서 채취한 거북손을 최상급으로 여긴다. 거북손 축제는 매년 7월에 열린다.

거북손 가격은 현지 어시장이 가장 저렴하다. 라코루냐 해산물 전문 식당 아부인(Abuín)을 운영하는 다비드는 신선한 해산물을 사기 위해 30년간 매일 인근 시장 플라사 데 루고에 간다.

시장에 가면 생김새에 따른 가격 차이를 알 수 있다. 가늘고 긴 모로코산이 더 매력적으로 보일 수 있으나 두꺼운 갈리시아산이 속살이 더 풍부하고 맛있다. 특히나 엄지발가락처럼 생긴 페르세베 도 론쿠도(Percebe do Roncudo)를 으뜸으로 여긴다.

시장에서는 거북손의 개수와 무게에 따라서가 아니라 어떻게 생겼나에 따라 돈을 지불해야 한다. 가격은 갈리시아산이 가장 비싸다. 온라인 마켓과 엘코르테잉글레스 백화점에서도 거북손을 판매하지만 신선한 제품은 갈리시아 시장과 식당에서 볼 수 있다.

거북손은 채취 후 바로 먹는 게 좋다. 조리법도 간단하다. 다른 해산물처럼 소금물에서 데쳐 먹는데 종종 바닷물로 거북손을 조리하기도 한다. 물을 끓일 때 월계수 잎이나 마늘을 넣는다. 끓는 물에 최대 2분간 넣었다가 접시에 담는다. 삶은 거북손에 토마토와 감자 크림을 곁들이기도 한다. 거북손은 따뜻하게도, 차갑게도 먹는다.

해군에서 셰프로 전직한 이반 도밍게스. 미쉐린 별을 받았던 알보라다(Alborada) 레스토랑의 문을 닫고 개인적인 프로젝트를 준비하는 그가 소금물에 익히는 전통적인 거북손 조리법에서 벗어나 새로운 방식을 제안한다. 과정은 좀 더 복잡하다.

굵은 소금과 달걀을 넣은 밀가루 반죽을 바닥에 놓고 그 위에 상추처럼 잎이 넓은 해초를 얹은 다음 거북손을 올리고 다시 그 위에 해초와 밀가루 반죽을 덮는다. 300℃ 오븐에 12분 동안 넣었다가 단단해진 표면을 걷어내 반죽 속에서 익은 거북손을 꺼낸다. 이는 거북손 고유의 맛과 향을 그대로 살려낸 조리법이다. 양손을 이용해 게살을 먹듯 거북손을 먹을 때는 물기가 손에 묻는다. 머리와 자루 부분을 양손으로 잡고 살짝 누르면서 꺾으면 속살이 쏙 나온다.

Tip. 거북손 구별법

갈리시아산

가장 크고 맛있다. 바위에서 어떤 위치에서 살았나에 따라 그 맛이 다른데 태양빛을 듬뿍 받는 경우 그늘막에서 자란 거북손보다 크기가 크고 맛도 있다.

모로코산

갈리시아산보다 길쭉하고 가늘다. 모로코 바다는 갈리시아 바다보다 따뜻한데 거북손 색상이 갈리시아산보다 연하다. 모로코의 거북손은 모래바위에서 사는데 일반적으로 보존성을 높이기 위해 사암과 같이 판매한다.

캐나다산

모로코산보다 색상이 밝고 더 크다. 거북손 손톱 위에 작은 크기의 손톱이 있다.

Noroeste y norte de España

6

만두를 닮은 엠파나다

Empanada

스페인 북서부&북부

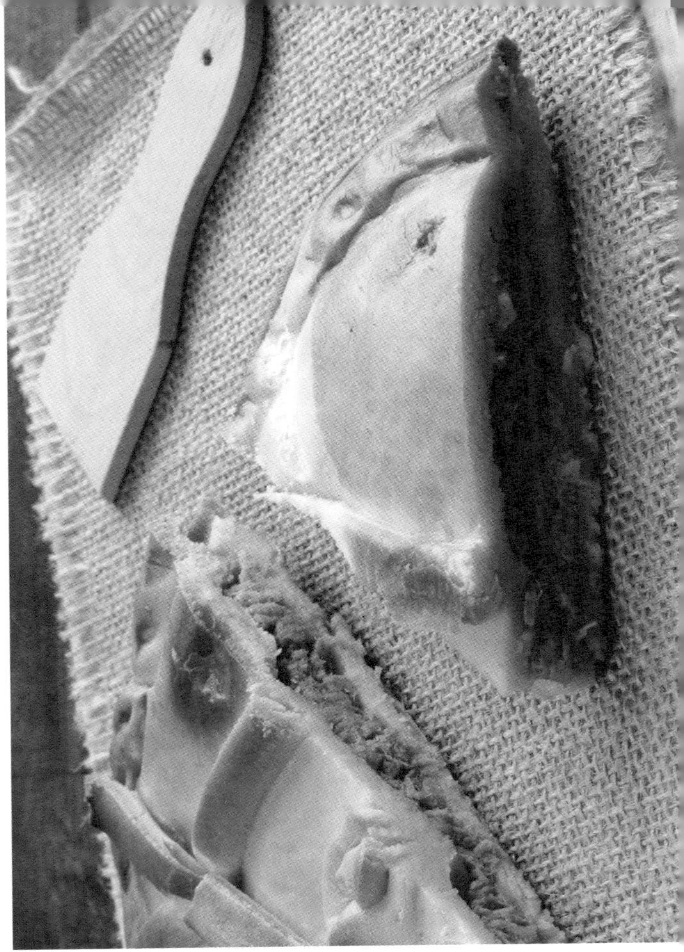

엠파나다(Empanada)는 만두를 꼭 닮았다. 도톰한 밀가루 반죽 안에 소를 채워 굽는 엠파나다는 파이 요리다.

12세기에 만든, 세상에서 가장 오래된 엠파나다가 존재한다. 갈리시아 산티아고 데 콤포스텔라 대성당 입구 영광의 문과 박물관 팔라시오 데 헤르미레스(Palacio de Gelmirez)에 돌로 조각된 엠파나다가 그것이다. 산티아고 순례의 여정에서 엠파나다는 일용한 양식이다.

엠파나다는 갈리시아 공식 행사에서 빠지지 않는 요리다. 주재료는 갈리시아의 땅과 바다에서 나온다. 따뜻하게도 먹고 차갑게도 먹는다. 갈리시아에서는 엠파나다가 갈리시아 음식이라는 지리적 표시 보호 IGP(Indicación Geográfica Protegidia) 인증을 위한 노력을 기울이고 있다.

이베리아 반도 7세기, 서고트 시대부터 갈리시아에는 엠파나다가 있었다. 순례자에게 엠파나다는 요긴한 음식이었다. 파이는 양면으로 덮여 있어 먼지로부터 속재료를 보호했다.

파이 반죽은 밀가루와 라드(돼지기름), 물로 만든다. 원조 갈리시아 엠파나다에는 닭고기와 버섯이 들어간다. 속재료를 채우면 오븐에 굽는다. 일반적으로 모양은 직사각형이나 원형이다. 커다랗게 구우면 부분적으로 잘라 간식이나 타파로 먹는다.

갈리시아에서는 엠파나다를 홍보하기 위해 엠파나다 경연대회를 연다. 대회에는 전문 페이스트리 셰프와 레스토랑, 아마추어가 참가한다. 대회에서는 오리지널 맛과 독창적인 표현을 평가한다. 참가자들은 갈리시아를 상징하는 헤라클레스의 탑, 보트 모양의 엠파나다를 만든다. 그럼에도 1kg 남짓한 홈메이드 엠파나다가 우승하기도 한다. 주요 속재료는 고기와 해산물이다. 송아지 고기와 돼지고기, 대구와 문어, 감자와 해조류로 속을 채운다. 갈리시아의 주도 루고(Lugo)에서는 붕장어로 속을 만든다. 참치와 정어리 엠파나다 등 스페인 지역마다 수많은 종류의 엠파나다가 있다. 갈리시아 남쪽 해안 리아스 바이사스 일부 마을에서는 옥수수가루로 반죽을 한다.

엠파나다를 처음 맛본 건 바르셀로나 산타 카테리나 시장에서다. 바르셀로나에서 마드리드로 떠나던 날 엠파나다로 간편하고 든든하게 요기했다. 스페인 시장에서도 흔히 파는 음식 엠파나다. 속재료에 따라 골라 먹는 재미가 있다.

7

케이크 위의 십자가, 타르타 데 산티아고

Tarta de Santiago

“산티아고는… 신께서 스페인을 수호하고 지키라고 내려주신 분이다.”

_세르반테스, 『돈키호테』 중에서

예루살렘, 로마에 이은 그리스도교 3대 순례지, 산티아고 데 콤포스텔라. 9세기 한 은둔자가 별을 따라갔다가 예수의 열두 제자 중 하나였던 야고보[스페인어로 산티아고(Santiago), 영어로는 세인트 제임스(Saint James)]의 유해를 발견했고, 이 자리를 라틴어로 별이라는 뜻의 ‘캄푸스 스텔라에(Campus stellae)’라고 했다. 산티아고 데 콤포스텔라 대성당은 프랑스 남부 국경에서 피레네 산맥을 넘어 스페인 갈리시아로 이어지는 순례의 여정에서 종착지다. 야고보의 무덤으로 전해진 자리에 알폰소 6세 통치 시절인 1075년, 주교 디에고 데 펠라에스의 명으로 산티아고 데 콤포스텔라 대성당이 지어졌으며 1211년에 완공되었다.

타르타 데 산티아고(Tarta de Santiago)는 갈리시아 어느 지역에서도 맛볼 수 있다. 아몬드가 주재료인 산티아고 케이크는 미스터리하다. 갈리시아는 아몬드 생산 지역이 아니기 때문이다. 이 디저트에 관한 기록은 중세 시대로 거슬러 올라간다.

1577년 페드로 데 포르토카레로 주교가 산티아고 대학교를 방문했을 때 이와 비슷한 디저트를 제공했다. 이때는 토르타 레알(Torta real, 로열 케이크) 혹은 비스코초 데 알멘드라(Bizcocho de Almendra, 아몬드 비스킷)라는 이름이었다.

19세기에 루이스 바르톨로메 데 레이바르(Luis Bartolomé de Leybar)의 디저트 노트에서 타르타 데 산티아고가 레시피로 처음 등장한다. 당시는 이를 타르타 데 알멘드라스(Tarta de Almendras, 아몬드 케이크)라고 했다. 역사학자들은 레시피에 등장한 기록보다 이전인, 어머니에서 딸로 세대를 거쳐 전해져온 오래된 요리법이라고 한다.

갈리시아 지역의 전통인 이 디저트가 대중적으로 알려진 계기가 있다. 1924년에 호세 모라 소토(Jose Mora Soto)가 아몬드 케이크 위에 산티아고의 십자가 모양을 더하면서다. 그는 갈리시아의 전형이자 집안에서 특색 있는 제품에 남다른 감동을 주려고 노력했다. 전통적인 갈리시아 케이크에 산티아고 데 콤포스텔라의 상징인 십자가 모양을 넣으면서 그는 큰 성공을 거뒀다. 스페인 수호성인을 기리고자 케이크 이름도 '타르타 데 산티아고'로 바꾸었다. 이후 케이크 위에 십자가 모양은 갈리시아 전역으로 퍼졌다. 여기에 국제적으로 명성이 높은 산티아고 순례길을 방문하는 순례자에게 타르타 데 산티아고는 기념품으로도 인기였다.

타르타 데 산티아고, 성 야고보의 케이크는 다른 케이크와 달리 만들고 나서 며칠이 지나도 여전히 맛이 좋다. 순례길에 오른 순례자들이 주머니에 넣어두고 이 케이크를 먹기도 하는데 심지어 4~5일이 지나도 먹을 수 있다. 산티아고 케이크는 순례자에게 이상적인 음식이다. 오늘날 타르타 데 산티아고는 스페인을 대표하는 디저트 중 하나로 꼽히기도 한다.

촉촉하고도 잘 부스러지며 진한 아몬드 맛에 달콤한 타르타 데 산티아고는 과일이나 초콜릿 소스, 카페 콘 레체, 와인과 곁들여도 좋다. 작은 잔에 달콤한 모스카텔 와인을 담아 같이 내놓기도 하는데 이를 케이크 위에 부어먹기도 한다.

갈리시아에서는 7월 25일이 일요일인 해를 성 야고보의 해로 기념하며, 매년 7월 25일은 갈리시아의 날로 성 야고보 축제를 연다. 타르타 데 산티아고는 이날 먹는 특별한 디저트다.

8

우유와 쌀로 만든 디저트, 아로스 콘 레체

Arroz con leche

드넓은 언덕 푸른 잔디에서 소들이 한가로이 풀을 뜯는다. 아스투리아스의 풍경 중 하나다. 아스투리아스는 유제품이 유명하다. 테루아(포도 산지 환경)에 따라 와인 맛이 변화하는 것처럼 아스투리아스의 유제품에도 지역 환경이 반영된다.

아로스 콘 레체(Arroz con leche)는 우유와 쌀로 만든 디저트, 라이스 푸딩이다. 스페인어로 아로스는 쌀을, 레체는 우유를 뜻한다. 여기에 콘은 '함께'를 의미한다. 우유에 밥알이 들어간 디저트는 한국인에게 낯설게 느껴질지 몰라도 스페인에서 아로스 콘 레체는 소울 푸드에 가깝다.

아로스 콘 레체는 클래식한 디저트다. 하지만 이 요리는 쌀요리가 아니다. 유지방 함유량이 높은 신선한 원유가 주인공이다. 아로스 콘 레체는 많은 재료도 필요치 않다. 약간의 시나몬향이 가미될 뿐.

스페인에 쌀과 설탕, 레몬과 계피는 아랍인이 가져왔다. 다른 전통 요리와 마찬가지로, 아로스 콘 레체는 남은 음식을 활용하는 창의적인 방식에서 비롯됐다. 스페인에 사탕수수는 8~9세기에 들어왔지만 12세기까지 아스투리아스 지역과 유럽 전역에는 사탕수수가 퍼지지 않았다.

13세기부터 19세기까지 아로스 콘 레체는 설탕이 아닌 사탕수수로 조리됐다. 나폴레옹 시대인 1813년까지는

사탕수수 정제 공장이 없었다. 19세기 후반까지는 갈색 설탕을 먹었고, 백설탕이 스페인 가정과 식당에 등장한 건 20세기 초 무렵이다.

중세 이후 아스투리아스는 치즈와 버터를 활발히 생산했다. 18세기에는 양을 기르는 목축업이 커져 낙농업에 위기가 있었지만, 19세기의 현대화와 도시화로 인해 유제품 소비가 늘었다. 이때부터 본격적으로 아스투리아스의 낙농업은 크게 도약했다. 스페인에서는 아스투리아스, 갈리시아, 산탄데르가 축산업이 발달했다. 아스투리아스는 19세기 말 스페인에서 버터를 가장 많이 생산했던 지역으로 총 생산량의 75%를 차지했다.

20세기 스페인은 식민지였던 쿠바와 푸에르토리코를 잃었고 미국과의 전쟁으로 큰 위기를 겪었다. 전쟁이 끝나

면서 원자재 가격은 가파르게 올랐고 많은 기업이 파산했다. 아스투리아스는 이 시기에도 버터 전문 생산지였다.

아스투리아스에는 스페인 대표 유제품 기업 캡사(CAPSA)가 있다. 캡사 창립 50주년 기념행사에 스페인 국왕 펠리페 6세가 참석해서 화제가 됐다. 사기업 행사에 국왕이 참석하는 것은 이례적인 일로 캡사가 그만큼 스페인에서 중요하다는 것을 말해준다. 캡사는 2017년 스페인 브랜드 평판도(Reptrak)에서 1위를 차지했다. 2위가 메르세데스 벤츠였다.

캡사에는 아스투리아나, 라르사, 아토 이렇게 세 개의 유제품 브랜드가 있다. 라르사는 갈리시아 지방을 타깃으로, 아토는 카탈루냐 지방에서 주로 판매한다. 캡사는 전 세계 40개국에 유제품을 수출하고 있다.

스페인 식민지였던 남미도 아로스 콘 레체를 즐겨 먹는다. 콜롬비아에서는 아로스 콘 레체에 굵은 코코넛을 넣는다. 코스타리카에서는 아로스 콘 레체가 영혼의 상처를 치유한다고 생각한다. 페루에서는 겨울철 간식으로 아로스 콘 레체에 특별한 향을 주는 정향을 넣어 만든 아로스

삼비토(Arroz zambito)를 즐겨먹는다.

아르헨티나와 베네수엘라, 볼리비아와 에콰도르, 그리고 파나마에서 즐겨 먹는 디저트 중 하나가 아로스 콘 레체다.

이처럼 세계 각국에 아로스 콘 레체가 존재한다. 남미의 아로스 콘 레체는 스페인에서 전해졌지만 이는 궁극적으로 아랍에서 파생됐다. 터키와 말레이시아에서도 아로스 콘 레체를 먹는다.

스페인에서는 시나몬뿐 아니라 건포도로 장식하기도 한다. 포르투갈과 아스투리아스에서는 아로스 콘 레체 위에 설탕을 뿌리고 가열해 단단하고 바삭한 캐러멜 층을 만들기도 한다.

여왕의 미(米)라는 뜻의 아로스 엠페라트리스(Arroz emperatriz)에는 달걀노른자를 추가한다. 보기에 화려하진 않지만 아로스 콘 레체는 스페인 사람에게 더없이 위안을 주는 음식이다.

9

사과로 빚은 술, 시드라

Sidra

시드라(Sidra)는 압착한 사과 주스를 발효한 호박색의 알코올음료다.

첫 모금은 낯설고도 익숙했다. 가볍고 시큼하며 드라이하고 약간은 달콤한 맛. 약한 거품을 지닌 황금색에 은은한 사과향이 나는 술이다. 한여름 스페인에서 맛본 사과주 시드라는 짭짤한 안초비와 잘 어울렸다. 술인지 음료인지 도수도 그리 느껴지지 않았다.

시드라의 역사는 꽤 깊다. 고대 그리스 지리학자 에스트라본(Estrabón, BC 63~AD 23)은 '아스투리아스 사람은 사과 주스를 발효해 술로 마신다'라는 기록을 남겼다. 70년에서 72년경 스페인 북부에 고대 로마 제국의 황제 대관으로 부임했던 플리니우스(Plinius, AD23~79)는 와인에 관한 여러 글을 썼는데 그는 '사과 와인은 아스투리아스 지역의 전형적 음료'라고 했다.

시드라는 그리스어 시케라(Sikera)에서 왔다. 라틴어로는 시체라(Sicera), 히브리어로는 세카트(Sekat)인데 '취하게 만드는 음료'라는 뜻이다. 아스투리아스에서 시스라(Sizra)라고 했던 것이 시드라, 영어로는 사이다(Cider)가 됐다. 흔히 사이다를 탄산음료로 알고 있지만 실은 이 시드라에서 힌트를 얻은 것이다. 대한제국 때 일본인이 탄산음료에 사과향을 넣으면서 사이다라는 이름을 붙였고 한국에서 사이다는 지금까지 원래의 맛과 다른 탄산음료의 대명사로 존재한다.

스페인에서 시드라를 가장 많이 생산하는 지역은 아스투리아스다. 갈리시아와 바스크, 나바라에서도 시드라를 생산하지만 80%는 아스투리아스에서 온다. 평균 알코올 함량이 5.5~6.5%인 시드라는 스페인 전역에서 인기가 있다.

스페인 북서부 아스투리아스에서 재배하는 사과 품종만 30가지가 넘는다. 이 중 일부 품종만이 시드라 만들기에 적합하다. 와인 메이커처럼 시드라 생산자는 새콤달콤하거나 쓴맛을 내는 사과를 적절히 잘 섞어 균형 잡힌 맛을 만들어내야 한다. 신맛이 강한 작은 꽃사과는 시드라에 신선한 맛을 준다.

시드라 종류는 크게 두 가지다. 시드라 나투랄(Sidra natural)은 100% 사과로만 만들고, 시드라 가스피카다(Sidra gasficada)는 설탕과 이산화탄소를 넣는다.

시드라를 빚는 과정은 간단하다. 먼저 사과를 씻고 잘게 썬 다음 물에서 부드럽게 연화되면 압력을 가해 눌러준다. 이때 으깬 사과는 가축에게 먹이로 준다. 밤나무로 만든 통에서 적어도 4.5~5%의 알코올 함량이 될 때까지 가을 겨울에 사과즙을 발효한다. 이때 숙성 과정에서 자연적으로 탄산이 생긴다.

친구와 가족이 모여 갓 발효한 시드라를 처음 맛보는 시간, 에스피차(Espicha)는 아스투리아스 전통이다. 에스피차는 새로운 시드라를 병에 담기 전에 맛을 보는 데서 유래했다. 완전히 숙성하지 않은 신선한 시드라를 통에서부터 촘촘한 거름망에 부어 거르면서 동시에 잔에 담는다. 치즈와 햄, 소시지와 빵을 곁들이는 에스피차는 1월이나 2월에 갖는다.

시드라 하우스 시드레리아(Sidrería)는 전통적으로 시드라를 판매하는 바 겸 식당이다. 시드레리아에서 유리잔에 시드라를 따르는 퍼포먼스는 눈길을 끈다. 시드라 병을 든 바텐더가 팔을 머리 위로 쭉 뻗은 다음 다른 한 손은 허리 밑에서 잔을 기울여 낙폭이 1m 이상 되도록 유지한 채 시드라를 따르며 거품을 낸다. 이렇게 붓는 방법을 스페인어로 에스칸시아르(Escanciar, 술을 따르다)라고 하는데, 이렇게 독특한 방식을 취하는 데는 이유가 있다. 공기와 많이 접촉할수록 시드라의 맛과 향이 좋아지기 때문이다. 폭포처럼 가늘고 긴 물줄기가 술잔에 떨어지며 거품을 일으킬 때는 탄성이 절로 난다. 시드라를 녹색 병에 담는 이유는 햇빛으로부터 보호하기 위해서다. 시드라 전용 잔은 높이 12cm에 밑면 지름 7cm, 입을 대고 마시는 윗면 지름은 9cm로 에스칸시아르를 위한 규격이다.

시드라를 담은 커다란 나무통 쿠펠라(Kupela)의 꼭지를 열면 시드라가 분수처럼 뿜어져 나온다. 잔에 시드라를 받으면 거품이 사라지기 전에 즉시 마시는 게 좋다. 유리잔 하나로 여러 사람이 시드라를 돌려 마시기도 하는데, 다음 사람이 시드라를 마실 수 있게 잔에 남아 있는 시드라로 잔을 헹군 후 건네준다.

드라이한 시드라는 전통적으로 타파스와 파바다(Fabada, 아스투리안 콩 스튜) 혹은 생선 요리나 대구 오믈렛과 잘 어울린다. 초리소(Chorizo, 스페인의 대표적 소시지)에 시드라를 넣어 보글보글 끓여 먹어도 맛이 좋다.

아스투리아스에서는 사과로 시드라 이외에 브랜디나 시드라 식초를 만들기도 한다. 시드라의 기억을 떠올리니 이렇다.

'시드라 맛은 시더라…….'

10

국수처럼 가느다란 진귀한 스페인 장어

Angulas

얼핏 봐선 국수인 줄 알았는데 자세히 보니 아니었다. 등줄기에 회색빛 검은 줄이 길게 있는 가느다란 새끼 장어였다. 길이 6~8cm, 두께 3mm, 무게 1g의 안굴라(Angula)는 바스크 지역에서 잡히는 새끼 장어로 스페인 미식에서 황금에 비유한다. 잡히는 양도 적을 뿐 아니라 한때는 멸종 위기에까지 놓였다. 게다가 찾는 사람은 많고 공급은 원활하지 않으니 가격이 비쌀 수밖에. 안굴라스(Angulas, 안굴라의 복수형) 1kg에 평균 1300유로라니 우리나라 돈으로 170만 원이 넘는 가격이다.

명절 무렵에 한우 가격이 오르는 것처럼 스페인도 예외가 아니다. 크리스마스가 다가오면 바스크 지역 수산 시장에서 판매하는 안굴라스 가격이 상승한다는 뉴스가 나온다. 새해와 특별한 휴일에 안굴라스를 먹는 건 바스크 산세바스티안의 전통이다. 안굴라스는 현란한 맛이기보다는 특정 부류의 사람들을 모으는 문화적인 음식이다. 이를 먹음으로써 여기에 속한다는, 음식으로 소속감을 주는 그러한 문화적인 것을 말한다.

마드리드에 있는 레스토랑 아리마(Arima)는 바스크 요리를 전문으로 한다. 이 레스토랑에서는 1월 한 주 동안 제철 음식 안굴라스를 3kg이나 요리했다. 이 무렵 한 번에 안굴라스 500g을 주문하는 손님도 있었다. 한 끼에 둘이서 100만 원가량의 안굴라스를 먹는, 가격에 상관없이 안굴라스에 기꺼이 지갑을 열고 즐기는 이들이다.

이렇게 비싼 새끼 장어를 옛날에는 닭이나 돼지 사료로 이용했다는 설도 있지만, 남겨진 기록은 없다. 한때 안굴라스는 스페인 북부 노동자의 음식이었다. 스페인 미식에서 많은 음식이 그러하듯, 흔히 구할 수 있는 평범한 식재료로 만들던 음식이 고급 요리로 나아갔다.

산세바스티안에서는 1950년대에서 1960년대에 안굴라스를 많이 먹었다. 지금보다 잡는 양이 많아 쉽게 구할 수 있었고 가격도 저렴했다. 특별하지도 고급스러운 식자재라고도 여겨지지 않았지만, 1970년대에 미쉐린 3스타 레스토랑 아르삭(Arzak)을 필두로 바스크의 고급 레스토랑에서 안굴라스 요리를 선보이면서 갑자기 새끼 장어도 신분이 급상승했다. 한 입 거리 요리를 빵 위에 올려 꼬챙이로 고정해 만든 핀초스 전문 식당이 몰려 있는 산세바스티안 구시가지 핀초스 바 거리에서는 안굴라스 핀초스도 먹을 수 있다.

실처럼 가느다란 새끼 장어 안굴라스는 바다에서 태어나 강으로 이동한다. 버뮤다 섬 남쪽 사르가소해에서 산란한 어미 장어는 이곳에서 생을 마감하고 새끼 장어는 최소 2년이 넘게 대서양 5천km를 헤엄쳐 강에 도착해 산다. 얕은 담수에서 삶의 대부분을 사는 장어가 어른이 되면 태어났던 바다로 다시 돌아와 500m 이상의 수심에서 알을 낳는다. 바다와 강을 넘나들며 사는 장어의 삶도 신비롭다. 스페인에서 작은 물고기 조업은 불법이나 안굴라스만 유일하게 예외다. 10월에서 3월 넷째 주 무렵에 안굴라스의 조업이 끝나며 이를 잡을 수 있는 특정 면허도 정해져 있다.

스페인에서 다 큰 장어를 잘 먹지 않을뿐더러 안굴라스의 낮은 어업 양으로 대체품을 찾던 중 모조 새끼 장어 굴라스(Gulas)가 만들어졌다. 새끼 장어 안굴라를 모티브로 만든 굴라. 게를 닮은 게맛살과 같은 이치다. 1991년 첫 굴라스 생산량은 5만kg으로 일주일 만에 모두 팔렸다. 굴라스는 그야말로 성공적이었다.

굴라스의 탄생 과정이 궁금해 굴라스 개발에 참여한 하비에르 보르데리아스 후아레스(Javier Borderias Juarez)를 인터뷰했다. 굴라스를 만들면서 두 가지 특허를 냈는데 관련 내용에 그의 이름이 나온다.

현 과학기술식품영양연구소(Instituto del Frío)에서 연구원으로 일하던 하비에르가 미국에서 공부하던 중 일본인과 같이 일을 했다. 그는 일본 연육 제품 수리미(Surimi)에서 힌트를 얻어 안굴라스를 대체하는 식품 굴라스를 착안했다. 하비에르는 안굴라스를 조업하고 판매하던 회사 아기나가(Aguinaga)와 1년간 계약서를 쓰고 안굴라스와 닮은 제품을 만드는 데 몰입했다. 아기나가의 대표 알바로 아스페이티아(Alvaro Azpeitia)는 1990년 일본에서 수리미 만드는 기계를 들여왔고 연구원과 함께 안굴라를 표방한 제품 이름을 굴라로 정하고 굴라스 델 노르테(Gulas del Norte)라는 상표를 만들었다. 굴라스라는 명칭은 상업적인 콘셉트로 상품을 개발한 회사만 쓸 수 있다. 엘 코르테 잉글레스 백화점 자체 상품에도 굴라스를 표방한 제품이 있는데 포장지에 굴라스가 아닌 기나스(Guinas)라고 표기

한다.

스페인 전통 시장에 생선 가게나 동네 슈퍼마켓 냉동 식품 판매대에 가면 모조 새끼 장어 굴라스를 흔히 살 수 있다. 굴라스는 1팩에 3~4유로로 안굴라스에 비하면 저렴하다.

굴라스 성분을 살펴보면 생선을 갈아 만든 연육에 달걀흰자, 전분, 대두 단백질, 식물성 오일과 소금이 들어갔다. 굴라스는 저지방에 탄수화물 함량이 낮다. 100g에 160kcal로 생선, 채소와도 잘 어울린다. 피순대 모르시야에 달걀 스크램블한 굴라스를 곁들이기도 한다.

숯불구이의 혁명이라는 수식어가 따르는 미쉐린 1스타 레스토랑 아사도르 에체바리(Asador Etxebarri)의 빅토르 아르긴소니스 셰프가 안굴라스를 맛있게 요리하는 비법을 알려줬다. 바스크 전통 방식으로 요리에 마늘과 매운 고추로 맛과 향을 낸 오일을 추가하는 게 그가 알려준 새끼 장어 요리 안굴라스 아 라 빌바이나(Angulas a la bilbaína)의 비법 중 하나다. 그는 참나무 장작에서 활활 타오르는 불꽃으로 새끼 장어를 조리하는데 이때 20초가 넘지 않아야 한다. 이는 새끼 장어가 투명한 색에서 흰색으로 전환하는 데 필요한 시간이다. 이렇게 조리한 후 스페

인 전형적인 점토 그릇에 요리를 담아 제공한다.

숯불에 구운 안굴라스 요리를 대신해 모조품 굴라스로 그 분위기를 낼 수 있다. 스페인에서 사 온 굴라스로 마늘 소스 요리 굴라스 알 아히요(Gulas al ajillo)를 만들었다. 호기심 많은 아이도 스파게티 같다며 잘 먹는다. 꽤 맛있다.

스페인 북동부

Noreste de España

요리는 땅과 사람을 반영한다.
카탈루냐는 외부로부터 영향을 적절히 받아들임과 동시에
자신의 것을 지킨다.
카탈루냐의 빵과 토마토로 만든 판 투마카(판 콘 토마테)는
지중해 식단을 대표하며 파에야는 발렌시아의 자존심이다.

나바라(Navarra)
라리오하(La Rioja)
아라곤(Aragón)
카탈루냐(Cataluña)
발렌시아(Valencia)

Noreste de España

1

초간단 아침 식사, 판 콘 토마테

Pan con tomate

스페인 북동부

"엄마, 토마토 빵 만들어주세요."

집에서 간단히 만드는 요리가 있다. 아이에게 토마토 빵이라 불리는 판 투마카(Pan tumaca)다. 스페인 친구 집에서 아침 식사로 맛보고 반해버렸다. 빵 위에 생마늘을 슥슥 비비고 토마토 간 것을 바른 다음 소금과 올리브 오일을 뿌리면 완성인 초간단 메뉴다. 겉모습은 소박해 보이나 은근 중독성을 지닌 깊은 맛이 난다고 할까. 판 투마카는 주변에서 쉽게 구할 수 있는 식재료로 만들기도 간편하고 건강에 좋고 맛있는 요리다. 하지만 재료를 날것으로 있는 그대로 사용하는 만큼 재료 하나하나의 품질과 맛에 따라 판 투마카의 맛은 천차만별이다. 재료가 식탁에 오기까지 어떻게 살아왔는지가 훤히 보이는 요리다.

판 투마카는 카탈루냐어로 빵과 토마토라는 뜻의 파 암 토마케트(Pa amb tomàquet, 'amb'은 '함께'를 뜻하는 카탈루냐어)를 발음 그대로 나타낸 말이다. 스페인어로는 '판 콘 토마테(Pan con tomate)'라고 하며 빵 그리고 토마토라는 의미로 '판 이 토마케트(Pan i tomàquet)'라고 한다.

이는 스페인 전역의 전형적 타파스 중 하나다. 스페인 호텔 조식 메뉴로 판 투마카를 흔히 볼 수 있다. 판 투마카, 판 콘 토마테는 타파스바에서도 빠지지 않는 메뉴다.

스페인 시장에는 올리브 오일 가게나 토마토 가게가

따로 있을 만큼 그 종류가 참 다양하다. 자신의 입맛에 따라 올리브 오일과 토마토를 고르고, 소금을 얼마나 넣을지 또 빵을 어떻게 구웠는지에 따라 맛의 차이가 난다. 이렇게 각자 개성을 드러내며 요리할 수 있는 메뉴가 판 콘 토마테다.

판 콘 토마테는 빵 조각에 올리브 오일을 바른 다음 소금을 뿌리던 관습에서 유래했다. 빵과 올리브 오일의 조합은 고대 그리스 시대부터 유럽에 존재해왔다. 17세기에 오늘날과 같은 판 콘 토마테의 근원이 시작됐다고 추측한다. 하지만 이때까지는 핵심 재료인 토마토가 들어가지 않았다.

라틴아메리카에서 토마토를 발견했던 스페인 사람들은 당시 토마토가 식용 채소가 아닌 독성이 있다고 믿었고 수년간 장식용으로만 사용했다. 18세기까지 스페인 요리에 토마토는 없었다. 현존하는 판 투마카에 관한 최초의 참고문헌은 1884년에 나온 카탈루냐어 요리책이다. 카탈루냐 요리 역사가이자 음식 작가인 네스토르 루한(Nèstor Luján)은 이 요리책 이후 스페인 전역에 판 투마카가 퍼지게 되었다는 설이 유력하다고 한다. 스페인 농업계에서는 또 다른 이론으로 수확한 토마토로 어제 구웠던 빵을 부드럽게 하려고 판 투마카를 창안했다고 말한다.

판 투마카에 얽힌 또 다른 설도 있다. 루머에 가까운 대중적 이야기로 20세기에 바르셀로나 메트로(지하철) 건설 현장에서 근무했던 무르시안 출신 남자가 레일 옆에 심었던 토마토에 마른 빵을 찍어 먹었다는 이야기다.

이베리아 반도 동쪽 발레아릭(Balearic) 제도 마요르카 섬은 카탈루냐 문화권이다. 마요르카에서는 판 콘 토마테를 파 암 올리(Pa amb oli, '빵과 기름'이라는 뜻)라 한다. 이곳은 이 섬에서만 자라는 특별한 토마토 품종 토마티가 데 라메예트(Tomátiga de ramellet)로 판 콘 토마테를 만든다. 이 토마토는 일반 토마토와 비교했을 때 크기가 작고 짠맛과 쓴맛이 나며, 단단하고 건조한 껍질로 6개월 이상 보관할 수 있다.

판 콘 토마테의 기본 재료는 토스트한 빵과 토마토, 올리브 오일과 마늘이지만 여기에 취향에 따라 여러 가지 변형을 한다. 백색 돼지로 만든 하몬 세라노나 도토리를 먹이며 자유롭게 뛰어논 돼지로 만든 하몬 이베리코, 스페인 소시지 초리소나 푸엣, 부티파라(순대) 혹은 절인 안초비 등을 판 콘 토마테 위에 올려 먹는다.

토마토와 마늘, 올리브 오일을 한꺼번에 넣어 만든 토마테 라야도(Tomate rallado) 소스로 판 콘 토마테를 만들기도 한다. 이렇게 조리법이 간단함에도 불구하고 카탈루냐 지역에서는 지중해 식단의 가장 대표적인 요리 중 하나로 간주되며 매우 높이 평가되는 요리가 판 투마카다.

8 Recipe

판콘 토마테
Pan con tomate

재료(4인분)

빵(바게트), 토마토 중간 크기 3개, 엑스트라 버진 올리브 오일, 마늘 1~2쪽, 소금

만드는 방법

1. 강판에 토마토를 간다.
2. 빵을 오븐이나 그릴에 토스트한다.
3. 빵 위에 마늘을 문지른다.
4. 그 위에 토마토 간 것을 바른다.
5. 소금을 뿌린다.
6. 그 위에 올리브 오일을 뿌리면 완성.

2

파처럼 생긴 양파, 칼솟

Calçot

스페인 북동부

"파처럼 생겼는데 양파인가요?"

칼솟(Calçot)은 땅에 심은 흰 양파에서 자란 길쭉한 꽃줄기 부분이다. 카탈루냐 타라고나 발스(Valls)에서는 1월 마지막 주 일요일에 바비큐 그릴에서 직화로 구운 칼솟을 먹는 칼솟타다 축제(Fiesta de la Calçotada)를 연다. 카탈루냐 대표 축제 중 하나인 칼솟타다는 해를 거듭할수록 인기가 높아지고 있다. 축제에는 수만 명이 다녀간다. 수요가 느는 만큼 칼솟 생산량도 매년 증가하고 있다.

칼솟은 언제부터 먹었을까. 카탈루냐에서는 19세기 발스에 살던 농부 사트 데 베나이헤스(Xat de Benaiges)가 우연히 칼솟 먹는 법을 발견했다고 전해온다. 그가 오래된 양파를 불에 태웠고 껍질을 벗겨 먹었더니 맛이 좋았다는데 이는 기록으로 남겨진 것은 아니다. 칼솟과 먹는 특제 소스도 사트가 만들었다는 이야기가 있지만 확인된 바는 없다. 하지만 발스의 시립 아카이브에는 20세기 초 발스에 칼솟이 존재했다는 기록이 남아 있다.

이보다 오래전 칼솟에 관한 증거가 있다. 헝가리 브리게티오에 한 남자가 칼솟으로 추정하는 포루스 카비타투스(Porrus capitatus)라는 요리를 먹는 그림이 그 단서다. 그림은 로마시대 3세기에 그려졌다. 2000년 8월 고고학자 보르히 라즐로가 이를 발견했는데, 그림을 살펴보면 마치 서서 손으로 칼솟을 들고 입에 넣는 모습과 같다. 고고학자 이사벨 로다(Isabel Rodà)는 그림에서 옷차림을 보아 그는 노예였다고 한다. 다른 그림에서는 오렌지 소스도 등장한다. 당시 사람들도 포루스 카비타투스를 소스에 찍어 먹었을까. 소스와 칼솟을 먹는 건 19세기의 새로운 발견이 아닐지도 모르겠다. 로마제국의 요리책 『아피키우스』에는 이미 벌써 그릴에 굽는 포루스 카피타투스를 언급했다.

칼솟이라는 이름은 카탈루냐어 칼사르(Calçar, 스페인어로는 Calzar)에서 왔다. 칼사르는 '신발을 신다', '무엇을 입다'라는 뜻인데 이는 칼솟을 재배하는 과정과 연관이 있다. 양파를 땅에 심고서 뿌리와 줄기 아랫부분을 흙으로 덮어주는 모습에서 그 이름이 유래했는데, 칼사르라는 단어는 '칼솟'으로 바뀌었다.

칼솟을 재배할 때 구근에 흙으로 덮어주는 데는 이유가 있다. 구근에 흙을 덮으면 칼솟은 빛을 찾으려고 둥근 모양에서 길쭉하게 자라며, 흙으로 덮인 부분은 햇볕을 못 받아 하얗게 된다. 이는 상품의 가치를 높이는 것으로, 줄기 아랫부분이 15~25cm가량 흰색으로 자란 칼솟을 얻고자 지속적으로 흙으로 덮어준다. 칼솟을 위한 양파 품종도 정해져 있다. 블랑카 타르다나 데 예이다(Blanca Tardana de Lleida)와 새로운 품종 로케로라(Roquerola) 또는 몬트페리(Montferri)로 재배해야 상품으로 인정받는다. 이렇게 자란 칼솟은 지리적 표시에 의해 보호(IGP)를 받는 발스의 칼솟(Calçot de Valls) 마크가 부착된다.

칼솟 재배는 2년 주기로 이뤄진다. 첫해는 양파 재배와

Ciutat d'origen de la calçotada
VALLS
Gran festa de la
CAL ÇO TA DA
A l'àrea de Valls, calçotades de novembre a abril
diumenge, 29 de gener 2017
Mercat de la calçotada 28 i 29 de gener
BRASILIA

GRAN FESTA DE LA
CALÇOTADA
VALLS
CIUTAT D'ORIGEN DE LA CALÇOTADA
Diumenge 31 gener de 2016
A l'àrea de Valls, calçotades de novembre a abril
Mercat de la Calçotada 30 i 31 de gener
BRASILIA

비슷하다. 이듬해는 그 양파 뿌리로 칼숏을 재배한다. 8월 중순과 9월 초에 밭에 양파를 심으면 칼숏이 되는 줄기가 자란다. 수확은 11월부터 4월까지 이어지며, 1월부터 3월까지가 최대의 칼숏 소비 기간이다. 칼숏은 25~50개씩 한 묶음으로 판매된다.

발스에서 칼숏에 대한 열정은 칼숏타다 축제의 불꽃처럼 뜨겁다. 축제에는 향을 좋게 하는 포도나무 가지로 불을 지피고 그릴에 칼숏을 올린다. 중간에 두세 번 불에서 꺼내 칼숏을 하나씩 뒤집어준다. 길이 50cm의 칼숏을 270℃에서 18분가량 굽고 나서 열을 유지하기 위해 신문지로 칼숏을 감싼다. 겉에 검게 탄 부분을 벗겨내면 속은 달콤하고 섬유질이 없어 부드럽다. 역시나 뜨거울 때 먹어야 제맛이다. 이때 칼숏을 로메스코(Romesco) 소스 혹은 살비차다(Salvitxada) 소스에 찍어 먹는다. 소스가 옷에 묻을지 모르니 턱받이는 필수다. 서서 정신없이 먹다 보면 어느새 10개는 먹는다. 여기까지는 축제의 애피타이저. 본식으로 바비큐한 양갈비와 소시지를 먹고 디저트로 오렌지와 크레마 카탈라나를 맛본다.

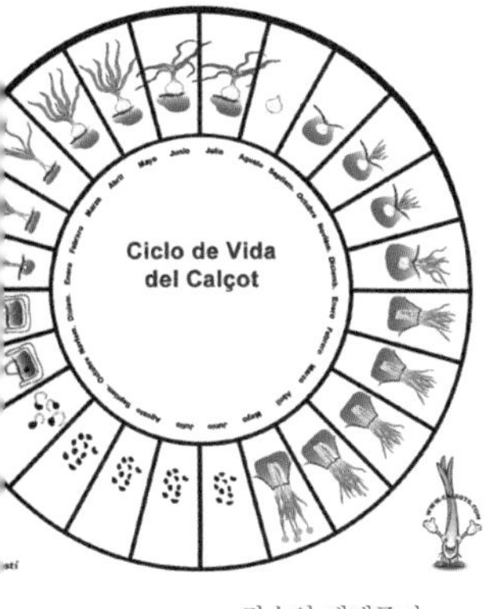

칼숏의 재배주기

Noreste de España

3

카탈루냐 순대, 부티파라

Butifarra

스페인 북동부

Pollo Asado
1,09 €
Chicharrones Fritos
0,85 €
Chicharrones Ibéricos
1,09 €
farra del Perol
1,99 € /100gr
19,90 €/Kg
Butifarra Fresca
1,59 € /100gr
15,90 €/Kg

"부티파라(Butifarra)야말로 바르셀로나 맛이지!"

스페인 맛집 리스트를 두루 알고 있던 모니카는 스페인에서 맛봐야 할 음식으로 카탈루냐 순대 부티파라를 꼽았다. 바르셀로나 타파스 바 라플라우타(La Flauta)에서 먹었던 부티파라가 왜 그리 맛있었는지. 선지가 들어간 새까만 부티파라 네그라(Negra)가 따끈한 상태로 빵에 끼워 나왔는데, 허기진 상태에서 부티파라의 깊은 맛을 보니 한 접시로는 부족했다. 호기심에 하얀색 부티파라 블랑카(Blanca)를 이어 주문했다. 부티파라 블랑카는 촉촉했지만 차가웠다. 기름이 좔좔 흐르는, 불에 익힌 부티파라 네그라가 더 매력적이었다. "부티파라 네그라 한 접시 추가요!" 부티파라만 세 접시째. 강렬한 터치에 개운한 끝맛은 와인을 불렀다.

부티파라, 카탈루냐어로는 보티파라(Botifarra)라고 하는 카탈루냐 순대는 14세기부터 유래했다고 전해오지만 문서로 남겨진 기록은 없다. 카탈루냐에는 할머니 손맛에서 전해진 수많은 부티파라 레시피가 존재한다.

부티파라 케이싱 안에는 두꺼운 돼지고기 조각과 소금, 후추, 파슬리, 마늘이 들어가며 선지 여부에 따라 색이 달라진다. 카탈루냐 남부와 발레아릭 제도 마요르카 섬에는 돼지고기와 육두구, 정향, 회향을 넣는다. 마요르카에는 부티파라에 피멘톤을 넣은 소브라사다(Sobrassada)라는 빨간 순대를 먹는다. 제주도 흑돼지처럼 마요르카 섬에도 흑돼지가 있다. 마요르카에서는 이 흑돼지 고기로 소브라사다를 만든다.

신선한 부티파라는 보존 기간이 짧지만, 부티파라를 몇 주간 건조해 만든 푸엣(Fuet)은 오래 보관할 수 있다. 카탈루냐에서는 돼지 위에 선지와 고기를 채워 만든 순대 비스베(Bisbe)도 별미다. 크기가 큰 만큼 서로 다른 속재료를 반반 채워서 만든 비스베도 있다.

부티파라 둘세(Dulce), 카탈루냐어로 보티파라 돌사(dolça)는 달콤한 순대다. 살코기와 계피, 설탕, 소금, 레몬을 섞어 돼지 창자 속을 채운 부티파라 둘세는 이 지역 크리스마스 음식이다. 카탈루냐 북동쪽 지로나(Girona)에서 흔한 음식인 부티파라 둘세는 신선한 상태에서 먹기도 하며 건조해서 먹기도 한다. 약 25일 동안 건조 과정을 거치면 밝은 핑크색에서 어둡게 변한다.

카탈루냐 음식 작가 자우메 파브레가(Jaume Fàbrega)는 디저트 전에 먹는 부티파라 둘세 조리법을 추천한다. 진흙으로 구운 냄비에 기름을 두르고 부티파라 둘세를 넣고 물을 자작하게 붓는다. 뚜껑을 덮은 채로 30분 동안 끓이면 달콤한 순대에서 빠져나온 단 성분은 냄비 바닥에서 캐러멜화된다. 여기에 사과를 같이 볶아준다. 레몬 껍질과 계피를 추가로 넣거나 사과 대신 빵을 넣어도 좋다.

달걀을 넣은 부티파라 데 우에보(Butifarra de huevo)는 기름진 목요일, 후에베스 라르데로(Jueves Lardero)에 먹는

"CRIOLLOS"

다. 라르데로는 '지방'이라는 뜻의 라틴어 라르다리우스(Lardarius)에서 유래했다. 후에베스 라르데로는 사순 시기 전 마지막 목요일의 전통적인 축제로, 사순절 동안 단식과 금육을 앞두고 실컷 먹고 마시며 즐겁게 지내는 카니발과 관련 있다. 카탈루냐어로 부티파라 드오우(d'ou), 달걀이 들어간 부티파라는 17세기 이후 문서에 나타나지만, 고대부터 달걀은 주요 식량이었기 때문에 이는 훨씬 오래됐다고 본다. 바르셀로나에서 유래한 이 전통은 프랑코 시대에는 중단됐다. 가톨릭 전례에 포함된 축제가 아닌 대중적인 축제라는 게 이유였다. 프랑코 시대가 끝나고 1980년 이후, 후에베스 라르데로 축제는 다시 부활했다.

달걀 부티파라는 삶은 돼지 머리고기와 베이컨이 주재료이며, 달걀, 소금, 후추, 육두구를 섞어 만든다. 여기에 빵도 추가할 수 있다. 창자 속을 단단히 채운 후 끝을 끈으로 묶어 매달아 건조하면 어두운 노란색을 띤다. 말굽 모양의 달걀 순대는 카탈루냐 겨울 스튜, 특히나 에스쿠데야(Escudella)에 이상적이다.

부티파라와 새하얀 알루비아스 콩을 곁들인 요리(Butifarra con alubias blancas), 카탈루냐어로 보티파라 암 몬헤테스(botifarra amb mongetes)는 카탈루냐 대표 요리이다.

Noreste de España

4

발렌시아의 자존심,
파에야

Paella

스페인 북동부

21

"저건 발렌시아 파에야가 아니야. 이건 단지 쌀과 초리소야."

전통적인 파에야 조리법을 따르지 않을 때마다 특정 반응을 보이는 유전자가 스페인 동부 발렌시아인에게 있는지도 모르겠다. 영국 유명 셰프 제이미 올리버가 트위터에 올린 초리소를 넣은 파에야는 스페인에서 맹비난을 받았다. 이 같은 일화에 영국 「가디언」은 "두 번의 총선을 치르고도 정부를 구성하지 못해 10개월가량 무정부 상태로 분열된 스페인을 '반(反) 올리버'로 통일시켰다"고 전했다.

파에야는 원래 농부의 음식이었다. 들판에서 쉽게 구하는 재료로 농부들은 점심 메뉴로 파에야를 만들었다. 전형적인 발렌시아 파에야에는 쌀을 기본으로 리마콩이라고도 하는 흰 강낭콩(가로폰, Garrofón)과 줄기콩(바조케타, Bajoqueta)에 토끼고기, 닭고기, 올리브 오일, 소금으로 맛을 내고 사프란으로 향과 풍미를 더한다. 발렌시아 특정 지역에서는 달팽이나 오리고기에 아티초크를 넣기도 하고 파프리카와 로즈메리를 첨가하기도 한다. 단 매콤한 기운의 초리소는 절대 들어가면 안 되는 재료로 꼽힌다. 관광객이 붐비는 지역의 식당에서 내놓는 냉동 파에야도 파에야로 인정하지 않는 게 발렌시아인이다.

유럽에서 두 번째 규모로 쌀을 생산하는 스페인. 파에

야의 본고장 발렌시아에는 8세기부터 이베리아 반도를 정복했던 북아프리카 아랍계 이슬람교도 무어인에 의해 쌀이 전해졌다. 스페인어로 쌀을 뜻하는 '아로스(Arroz)'는 아랍어 '아루스(arruz)'에서 유래한 단어다.

발렌시아 남부에는 곡창지대가 있다. 지중해와 마주하고 있는 자연 호수 알부페라(Albufera) 주변은 벼농사가 발달했다. 이곳에서 자라는 쌀 중 파에야에 가장 적합한 품종은 봄바(Bomba)다. 스페인 일반 품종 세니아(Senia)에 비해 봄바는 아밀로펙틴(Amylopectin) 함량이 낮다. 찹쌀떡이 쫄깃하고 차진 이유는 높은 아밀로펙틴 때문이다.

이에 반해 봄바 쌀은 찰기가 적고 육수를 빨아들이고도 잘 안 퍼진다. 부드럽고도 향을 잘 흡수하는 봄바 쌀은 발렌시아 지역 쌀 중 가장 비싸다. 봄바 쌀 이외에도 스페인 무르시아 지역에서 나는 쌀 칼라스파라(Calasparra)도 파에야 만들기에 좋은 품종이다. 무슬림이 지배하던 14세기에 칼라스파라 쌀이 스페인으로 들어왔다.

파에야는 조리하는 팬을 뜻한다. 이 단어는 팬을 뜻하는 라틴어 '파텔라(Patella)'에서 그 뿌리를 유추할 수 있다. 16세기 스페인에서 '파이라(Paila)'는 둥글고 얕은 큰 철제 그릇으로 발렌시아에서도 파에야와 비슷한 이 단어가 존재했다.

발렌시아에서는 쌀요리를 모두 파에야라고 하지 않는다. 파에야 팬에서 조리한 발렌시아 정통 레시피를 따른 요리만 파에야라고 한다. 토끼고기나 닭고기가 특징인 파에야 발렌시아나(Paella valenciana)와 더불어 채소만 넣는 파에야 데 베르두라스(Paella de verduras), 해산물 파에야로 알려진 파에야 마리네라(Paella marinera), 해산물과 고기를 넣는 파에야 믹스타(Paella mixta)가 사프란을 넣는 발렌시아식 대표 파에야다.

파에야 팬 이외의 조리 기구에서 만든 쌀요리는 파에야가 아닌 쌀(아로스)과 무엇으로 칭한다. 전골냄비에 쌀과 해산물을 주재료로 국물이 자작한 아로스 칼도소(Arroz caldoso)와 먹기 좋게 해산물 껍질을 손질해 넣은 아로스 멜로소(Arroz meloso)는 촉촉한 쌀요리다.

오징어 먹물 파에야로 알려진 아로스 네그로(Arroz negro)는 카탈루냐 지역의 타라고나 혹은 발렌시아 카스테욘(Castellón)에서, 생선 맛이 깊게 밴 아로스 아 반다(Arróz a banda)는 발렌시아 남부 알리칸테(Alicante)에서 유래했다고 알려졌다. 이 둘은 파에야 팬에서 조리한 쌀요리로 큰 범주에서 보면 파에야다. 하나 전형적인 발렌시아 파에야에서 변형된 재료나 조리법으로 파에야라고 칭하지 않는다.

쌀이 까맣게 조리된다는 특징을 강조해 아로스 네그로(검정 쌀), 밥과 생선(해산물)을 따로 내놓는다는 점에서 아로스 아 반다(쌀 따로, 영어로는 'Rice apart'라는 뜻)라는 이름이 유래했다. 또 길이가 짧고 얇은 피데오(Fideo) 면으로 만드는 피데우아(Fideuà)도 파에야 팬에서 조리해 파에야에 속하지만, 쌀이 아닌 면이라는 특징을 요리 이름에 나타냈다는 게 발렌시아인의 얘기다.

발렌시아 정통 파에야에서 벗어나면 이름에서부터 이

렇게나 세세히 구분 짓는다. '파에야' 하면 발렌시아를 떠올리는 것은 음식문화가 또 하나의 정체성을 나타내기 때문 아닐까. 파에야만큼은 오리지널리티를 추구하는 게 발렌시아 사람이다. 파에야는 발렌시아의 자존심이다.

여기에 또 발렌시아인의 심기를 건드린 이가 있다. 영국 유명 셰프 고든 램지의 멘토로 알려진 마르코 피에르 화이트가 인생 최고의 파에야를 스페인 북부에서 먹었다고 말해 동부 발렌시아인의 공분을 사기도 했다.

파에야의 기원에 관한 설은 여러 가지다. 남은 음식을 뜻하는 아랍어 '바키야(Baqiyah)'에서 파에야라는 단어가 유래했다는 이야기가 있다. 파에야는 남은 식재료로 만든 가난한 이들이 배불리 먹던 요리였다.

파에야에 얽힌 로맨틱한 전설도 있다. 파에야는 사랑하는 피앙세에게 첫 번째로 준비했던 요리로 파라 에야(Para ella, 영어로 'for her') 즉, 그녀를 위해서라는 뜻이 담겨 있다는 이야기다. 스페인 가정에서는 일반적으로 여성이 요리한다. 하지만 파에야는 전통적으로 남자가 만든다.

때는 19세기 초(1808~1814), 프랑스 나폴레옹은 스페인을 침공하고 나서 스페인 왕 페르난도 7세를 발렌시아성에 유폐시키고, 그의 형 조제프 보나파르트를 스페인 왕으로 임명했다. 스페인은 독립 전쟁을 했다. 전쟁 중 어느 날 프랑스 장군이 한 파에예라(Paellera, 파에야를 만드는 여자)의 파에야를 맛보고 깊이 감흥했다. 장군은 새로운 파에야 한 접시에 스페인 포로를 석방한다는 거래를 제안했다. 그 여인은 창의성을 발휘해 매일 새로운 파에야를 만들었고 이에 176명의 포로를 석방했다는 이야기가 전해 내려온다.

파에야 먹으러 간다는 말인 '아나르 데 파에야(Anar de paella)'는 발렌시아에서 매우 사회적인 의미를 지녔다. 생일에, 수호성인을 기념하는 날에, 일요일 한때 가족과 친구와 파에야를 먹는다는 것은 일상을 영위하는 행위이자 행복이다.

유네스코 인류무형문화유산으로 등재된 발렌시아 불꽃 축제 파야스(Fallas)에도 파에야를 맛본다. 3월에 열리는 파야스 축제는 예술성이 담긴 거대한 나무 구조물인 파야를 창조한 후 불태워 없애는 전통 축하 의식으로, 발렌시아 수호성인 산호세(요셉) 축일을 기념하는 축제다. 거리에선 밤새 커다란 팬에서 나는 맛있는 파에야 냄새로 축제의 흥을 돋운다.

아랍 영향을 받았던 스페인 전통 가옥의 특징 중 하나가 안마당 파티오(Patio)인데, 여기서 파에야를 만드는 공간 파에예로(Paellero)는 발렌시아 가옥의 상징이기도 하다.

발렌시아인들은 장작불에서 파에야를 만들어야 제맛이라고 말한다. 특히 오렌지 나무로 불을 피운다. 이때 태우며 나는 연기의 향이 밥알에 스며들며 파에야 맛을 더 좋게 한다. 야외에서 장작불을 조절해가며 파에야를 조리하는 건 쉽지 않다. 이에 장작불로 파에야를 만들어본 경험이 필요하다. 장작불 위에 파에야를 조리하는 모습만으로도 특별한 매력이 있다.

라리가(La liga)는 축구에만 있는 게 아니다. 파에야 라리가도 있다. 발렌시아 최고의 아마추어 파에야 셰프를 겨루는 자리로, 발렌시아 쌀 브랜드 닥사(Dacsa)가 만든 공식 파에야 대회다. 세 명이서 한 팀을 구성해 한 팀당 하나씩 100개의 파에야를 만들어 대결하고 본선에 20팀이 올라가며 최종 10팀을 우승 선발한다.

※ 파에야 라리가 채점 기준

- 전통을 따른 자신만의 조리법대로 발렌시아 파에야를 만든다.
- 쌀이 덜 익은 상태로 조리되면 감점이다.
- 각 재료와 조화를 이룬 정통 발렌시아 파에야의 맛을 내는 팀을 선정한다.
- 고기는 적절히 익어야 하고 채소 또한 고유한 맛과 향을 유지해야 한다.
- 바닥에 누룽지처럼 붙어 있는 소카랏(Socarrat) 상태는 필수 요소는 아니지만 채점에는 플러스 요인이다. 여기서 중요한 점은 쌀을 태우지 않고 바닥에 노릇하고 바삭하게 눌어붙게 만든 것이다(주최 측에서는 좋은 발렌시아 파에야는 반드시 소카랏을 지닌다고 한다).
- 창백한 노란색을 띠든 샛노랗든 밥알에 노란빛이 돌아야 한다.
- 최대 직경 60~65cm 파에야를 권장한다.
- 2시간 안에 조리해야 한다.

김치 종류만큼이나 파에야 종류도 다양하다. 파에야 조리법만 108가지를 담은 책이 있고, 같은 재료를 두고도 만드는 사람에 따라 파에야 맛이 다르다. 한국식 볶음밥은 쌀을 찐 다음 볶는데 파에야는 채소와 고기 등을 먼저 볶은 후 철판 팬에 육수를 붓고 쌀을 씻지 않고 흩뿌려 넣은 다음 뚜껑 없이 수분을 날리며 익힌다.

발렌시아 수돗물로 파에야를 조리해야 맛있다는 속설이 널리 퍼져 있기도 하지만 그렇지 않다. 파에야 조리는 육수와 쌀의 양 그리고 불 조절에 달려 있다. 쌀은 예민하기 때문에 불앞을 잘 살펴야 한다. 발렌시아에서는 남은 파에야에 달걀물을 풀어 토르티야 데 파에야(Tortilla de paella)를 만들기도 한다. 한국의 밥전 같은 요리다.

파에야 만드는 날은 축제 분위기다. 파에야 육수를 만들었던 해산물은 따로 꺼내 반찬 즉 타파스 재료로 활용하기도 한다. 파에야가 익는 동안 타파스를 만들어 전채 요리로 즐기고 메인 파에야가 완성되면 식탁 가운데 커다란 팬을 놓고 온 가족이 옹기종기 둘러앉는다. 전통적으로 파에야는 즉석에서 조리한 팬에 각자 나무 숟가락을 넣어 먹는다. 식탁 한가운데 파에야를 놓고 나눠 먹는 발렌시아인, 한국인 정서와 닮았다.

파에야 팬 종류

에나멜 코팅을 한 검정에 하얀 점무늬가 있는 팬은 전통적인 스타일로 널리 알려졌다. 또 하나는 스테인리스 스틸 소재의 팬으로 녹슬지 않고 세척에 용이하며 열전도율이 높아 요리사들이 선호하기도 한다. 파에야 팬은 최소 직경 22cm로 너무 깊지도 그렇다고 얕지도 않다. 4~5명이 먹으려면 직경 40cm 팬이, 6~8명이 먹으려면 직경 50cm 팬이 적당하다.

발렌시아 가옥 마당에서 만든 파에야 발렌시아나

& Recipe

파에야 발렌시아나
Paella Valenciana

재료(4인분)

올리브 오일 6T, 닭고기 150g, 토끼고기(혹은 돼지고기) 150g, 줄기콩 120g, 껍질 벗기고 다진 토마토 1/2개, 흰콩 60g, 피멘톤 둘세(달콤한 파프리카 가루) 1/2t, 레몬 1/4개, 물 1.5L, 사프란 약간, 신선한 로즈메리 1개, 쌀 400g, 소금

만드는 방법

1. 흰콩은 하루 전에 물에 불려둔다.
2. 닭고기와 토끼고기는 소금 간을 한다.
3. 파에야 팬에 올리브 오일을 넣고 중불에서 닭고기와 토끼고기가 노릇해질 때까지 볶고 따로 둔다.
4. 팬에 있는 기름으로 자른 줄기콩과 토마토를 볶고 흰콩을 추가한다.
5. 파에야 팬 손잡이 부분까지 물을 부은 후 피멘톤 둘세를 넣고 10분간 끓인다.

6. 사프란을 넣고 쌀을 흩뿌리듯 골고루 넣은 다음 10분간 센불로 끓인다.

7. 고기를 추가하고 팬에 수분이 증발할 때까지 약 10분가량 낮은 불로 조리한다.

8. 로즈메리를 3분간 넣어 향을 더한 후 뺀다.

9. 여기서 약간 더 끓이면 바닥에 누룽지 소카랏(Socarrat)이 만들어진다.

10. 불을 끄고 5분간 뜸을 들인 다음 레몬으로 장식하고 팬에서 바로 먹는다.

5

카탈루냐 전통 디저트,
크레마 카탈라나

Crema Catalana

톡톡톡. 아, 달콤함을 부르는 소리.

스푼으로 크레마 카탈라나(Crema catalana)를 두드리면 연약하고도 단단한 소리가 난다. 이는 짧지만 작은 설렘을 주는 소리, 맛있는 즐거움을 알리는 소리다. 표면에 균열이 가면 곧이어 텍스처의 대조를 경험한다. 즉, 하드에서 소프트의 세계로 향하는 순간이다. 얇고 견고한 캐러멜층 아래에는 보드라운 커스터드 크림이 숨어 있다.

크레마 카탈라나는 카탈루냐 전통 디저트다. 산호세(San José)의 날이자 아버지의 날인 3월 19일에 특별히 맛보는 크레마 카탈라나는 유럽에서 오래된 디저트 중 하나다. 기록을 살펴보면, 카탈루냐 요리책인 14세기 『리브레 데 센트 소비(Llibre de Sent Soví)』와 16세기 『리브레 델 코츠(Llibre del Coch)』를 비롯해 옛 카탈란어 문학에도 크레마 카탈라나가 나온다. 스페인에서 프랑스로 소개된 디저트 크레마 카탈라나. 프랑스에서는 이를 크렘 브륄레(Crème brûlée)라고 하는데, 17세기 프랑스 요리책에 그 첫 기록이 있다.

크레마 카탈라나는 달걀노른자, 설탕, 우유, 레몬, 계피, 옥수수전분으로 커스터드 크림을 만든 후 표면에 설탕 캐러멜을 입히는 게 특징이다. 처음으로 크레마 카탈라나를 만들던 날, 아나 돌스 집에서 본 돌돌돌 말린 모기향 모양의 전기인두는 식문화에 따른 주방기기를 다시금 생각하게 했다.

크레마 카탈라나를 만드는 법은 간단하다. 준비한 재료를 모두 끓여 만든 커스터드 크림을 냉장고에 식힌 다음 크림 위에 설탕을 뿌리면서 동시에 전기인두 케마도르 데 아수카르(Quemador de azúcar)로 열을 가한다. '치이익' 소리에 캐러멜 냄새와 뽀얀 연기는 맛에 대한 기대감을 부풀게 한다. 전기인두 대신 토치(소플레테 케마도르, Soplete quemador)로 설탕을 녹이기도 한다.

바르셀로나 주 페이스트리 협회에 따르면 우유와 달걀의 달콤한 조화를 즐겼던 유대인으로부터 크레마 카탈라나가 유래했다고 한다. 또 다른 이야기로, 크레마 카탈라나의 탄생에 관해 기록으로 남겨진 일화가 흥미롭다. 이는 페이스트리 셰프 자우메 사바트(Jaume Sabat)의 설명이다.

카탈루냐의 한 주교가 수녀원을 방문한다는 소식에 수녀들은 주교의 방문을 환영하기 위해 맛있는 플란(Flan, 커스터드 크림으로 만든 푸딩)을 선물로 준비하고 싶었다. 그런데 푸딩이라고 하기엔 너무 묽게 만들어졌다. 실수는 또 다른 성공을 낳았다. 한 수녀가 여기에 옥수수전분을 넣고 좀 더 걸쭉하게 만든 다음 표면에 설탕을 뿌리고 불로 태웠다. 수녀들의 플란 솜씨를 기대했던 주교는 황갈색으로 불에 그슬린 뜨거운 디저트에 당황했다. 주교는 "케마(Quema, 앗 뜨거워)"라고 외쳤다. 불에 탔다는 의미로 크레마 케마다(Crema quemada)라고도 하는 크레마 카탈라나. 주교는 기대감 없이 크레마 카탈라나를 스푼으로 떠서 한 입 넣었다. 하나 반전이었다. 첫술부터 주교는 그 맛에 반해 그저 말없이 음미했다. 디저트는 순식간에 사라졌다. 이후 크레마 카탈라나는 수녀원에서 인기 디저트로 사랑받았다.

디저트로서 충실한 맛의 크레마 카탈라나는 영양도 만점이다. 바르셀로나 약학대학에서는 크레마 카탈라나에 칼슘과 비타민 A가 풍부하다고 전한다.

크레마 카탈라나 리큐어 제품도 있다. 달걀, 우유, 설탕에 계피, 레몬, 바닐라 및 캐러멜 맛을 15~18% 알코올과 섞어 만든 크레마 카탈라나 리큐어는 1994년에 만든 이래로 호평을 받으며 여러 국가로 수출하고 있다.

한번 맛보면 끊을 수 없는 게 크레마 카탈라나가 아닐까.

크레마 카탈라나
Crema Catalana

재료(2인분)

우유 250ml, 달걀노른자 2개, 레몬 1개 제스트(레몬 껍질), 시나몬스틱 1개, 설탕 2T, 옥수수전분 1T

만드는 방법

1. 소스 냄비에 우유 200ml, 레몬 껍질, 시나몬스틱을 넣고 맛이 우러나도록 끓인다.
2. 볼에 우유 50ml, 달걀노른자, 설탕, 옥수수전분을 넣고 크림이 될 때까지 저어준다.
3. 여기에 레몬 껍질과 시나몬스틱을 넣고 끓인 우유를 천천히 부으면서 뭉치지 않게 계속 저어준다.
4. 이를 다시 소스 냄비에 붓고 중불에서 6분가량 크림 형태가 될 때까지 저어준다.
5. 작은 접시에 둘로 나눠 냉장고에서 식힌다.
6. 서빙하기 전에 크림 위에 설탕을 뿌리면서 토치를 이용해 캐러멜라이징한다.

Noreste de España

6

아몬드 디저트, 투론

Turrón

스페인 북동부

"달달한 투론(Turrón) 추천해주세요."

투론 전문점 투로네리아에 들어가 점원에게 물었다.

"투론은 모두 달아요."

점원이 말했다. 그렇다. 투론은 달다. 달지 않은 투론은 없다. 설탕 사용이 예민한 한국에서 디저트로 충실한 단맛을 조심스러워하던 게 몸에 배었나 보다. 투론 포장지 뒷면을 살펴봤다. 100g에 550kcal가 넘는다.

명절에 단맛을 즐기는 건 스페인도 마찬가지다. 달달한 엿보다 사근사근 부드럽고, 강정처럼 바삭하고 고소한 맛, 투론. 크리스마스에 근사한 요리를 먹는 것처럼 스페인에서 투론은 값비싼 재료였던 벌꿀과 아몬드로 만든 귀하고 특별한 음식이었다.

투론은 아랍에서 전해졌다. 11세기 한 아랍 의사가 쓴 의약품 거래법에 '투런(Turun)'이라는 이름이 나오는데, 학자들은 이를 단서로 투론이 아라비아 반도에서 왔다고 추정한다. 아랍인은 이 디저트를 지중해 연안, 특히나 이베리아 반도와 이탈리아에 가져왔다. 아랍인과 유대인이 만들었던 할바(Halva)는 투론과 비슷한 음식으로 터키와 중동에서 여전히 즐겨 먹는다. 아랍에서 이베리아 반도를 거쳐 프랑스로 전해진 투론을 아랍풍 견과류 디저트 누가(Nougat), 프랑스 남부에서는 토로네(Torrone)라고 한다. 북아프리카에서도 꿀과 견과류로 만든 디저트를 볼 수 있다.

발렌시아에서 투론은 진미였다. 16세기 카를 5세 때 발렌시아 알리칸테 의회에 투론이 소개되면서 유명해졌다. 중요한 손님 접대용으로 판 데 이고스(Pan de higos, 무화과, 아몬드, 깨, 정향, 꿀 등으로 만든 강정 같은 디저트)와 더불어 투론은 왕정에서 소비됐다. 1595년 카를 5세의 아들 펠리페 2세 왕은 고위 인사에게 적당하고도 절묘한 선물을 하도록 촉구했는데, 당시 이들에게 투론은 안성맞춤이었다.

크리스마스에 투론을 먹는 특별한 이유가 있을까. 펠리페 2세 때 셰프 안토니오 마르티네스 몬티뇨(Antonio Martínez Montiño)가 왕실의 크리스마스 연회에 투론을 선보인 이후 백성들이 그 관습을 따라하면서 크리스마스에 투론을 먹게 됐다. 1585년 셰프 안토니오 마르티네스 몬티뇨는 그의 책『콘두초스 데 나비다드(Conduchos de Navidad)』에 히호나의 집집마다 꿀향기가 났다고 했다. 발렌시아에서 히호나(Jijona, 발렌시아어 Xixona)는 여전히 투론 생산의 중심지로, 투론을 만드는 장인 투로네로(Turronero)의 기술은 대를 이어 내려오고 있다.

같은 시기 1582년 알리칸테 문서에는 노동자에게 크리스마스 보너스 급여로 투론을 선물했다고 나온다. 연대기 작가 페르난도 갈리아나 카르보넬의 연구에 따르면 히호나에서는 이미 14세기 전부터 투론을 알고 있었다고 한다.

카탈루냐에서는 18세기 초 파블로 투론스(Pablo

Turrons)가 전쟁 중에 장기간 보관할 수 있는 음식 투론을 발명했다는 이야기도 전해 내려오지만 스페인에서 투론의 역사는 발렌시아에서 시작됐다고 본다.

투론은 크게 두 가지 종류다. 부드러운 투론 데 히호나(Turrón de Jijona)와 아몬드가 오도독 씹히는 투론 데 알리칸테(Turrón de Alicante)가 대표적이다. 이는 각각 부드럽다는 뜻에서 투론 블란도(Blando), 단단하다는 의미로 투론 두로(Duro)라고 한다.

히호나와 알리칸테 투론 협회는 지역 브랜드를 보호하고자 지리적 표시 보호 IGP 마크를 포장지에 부착한다. 히호나와 알리칸테 투론은 지역 특산품이라는 의미로 DE(Denominación Específica)를 받았다.

단단한 투론을 만들려면 먼저 아몬드를 볶고 잘게 부순다. 여기에 꿀을 섞어 일정한 열에서 조리는 동안 나무 주걱으로 뒤섞고 마지막으로 달걀흰자를 첨가해 색을 밝게 한다. 이를 식히고 굳어진 상태가 되면 조각으로 자른다.

부드러운 투론은 냉각된 투론 블록을 분쇄해 아몬드 오일과 섞어 찹쌀풀처럼 걸쭉하고 고운 반죽 상태로 만든 다음 이를 몇 시간 동안 데우면서 골고루 섞고 달걀흰자를 넣는다. 네모난 금속 통에 반죽을 부은 후 식으면 반듯하게 자른다. 아몬드, 꿀, 달걀흰자를 넣는 투론이 전통 방식이라면 요즘은 좀 더 다양한 버전을 만든다.

투론 데 아그라문트(Turron de Agramunt)는 아몬드 대신 헤이즐넛으로 만들거나 마르코나 아몬드를 넣기도 한다. 투론 데 예마 토스타다(Turron de yema tostada)는 카탈루냐 전통 방식으로 달걀노른자가 들어가는 크레마 카탈라나에서 영감을 받았다. 투론 데 세르타(Turron de Xerta)는 카탈루냐 세르타 지역의 투론으로 고전적 방식의 단단한 투론을 둥글게 모양내는 게 특징이며, 아몬드 대신 헤이즐넛으로 만들기도 한다. 이외에도 트러플 버섯 투론, 피스타치오 투론, 설탕에 절인 과일과 초콜릿, 코코넛에 이르기까지 무궁무진하다.

종종 설탕과 아몬드를 섞어 만든 기르라체(Guirlache)를 투론으로 간주하기도 한다. 기르라체는 스페인 중심에서 북동부에 위치한 아라곤(Aragón) 지역 음식이다.

스페인에서 투론을 널리 알린 사람은 다름 아닌 투론 행상인이었다. 16세기 마드리드에서는 행상인에게 오직 투론만 팔 수 있게 허락했다. 투론은 마드리드에서 만들어지지 않았고 마요르 광장에 있는 특별 상점에서 판매했다. 이 외에 특정 지역에서 판매한 경우 상품은 빼앗겼고 이는 자선 단체로 보내졌다. 19세기 후반에 거리 곳곳에서 투론 외판원을 볼 수 있었다. 북아프리카 알제리에서도 투론 사업을 시작했고, 이들은 신대륙으로 건너가 투론 회사를 세웠다. 아바나, 부에노스아이레스에도 여전히 투론을 볼 수 있다.

크리스마스에 샀던 투론을 꺼냈다. 투론은 작지만 확실한 행복을 준다. 달콤하니까.

7

새하얀 건강 음료, 오르차타

Horchata de chufas

전설일까 실화일까. 13세기 아라곤의 왕 하이메 1세는 한 어린 소녀가 건넨 하얗고 달콤한 음료를 맛보고 반했다. 왕은 이 음료가 무엇인지 소녀에게 물었다. "추파(Chufa)로 만든 밀크입니다." 이에 왕은 "이것은 밀크가 아니다(아이소 노 에스 예트, Aixo no es llet), 금이다 소녀야(아이소 에스 오르 차타 aixo es or xata)!" 발렌시아어로 황금을 뜻하는 오르(Or), 소녀를 뜻하는 차타(Xata)에서 그 이름이 유래했다는 오르차타(Horchata).

추파로 만든 음료 오르차타 데 추파스(Horchata de chufas)는 발렌시아 대표 음료이자 지중해 건강 음료다. 우리가 한여름에 얼음 동동 미숫가루를 마시듯, 발렌시아에서는 오르차타를 마신다. 발렌시아역 앞 광장에는 유기농 오르차타를 파는 아주머니가 있다. 태양이 작열하는 여름날 오르차타를 마셨다. 입안에서는 가볍고 고소한 곡물음료 맛이 난다. 오르차타 한잔으로 갈증이 해소되면서 에너지가 충전되는 기분이다. 오르차타를 전문으로 하는 카페 오르차테리아(Horchatería)에서는 얼음과 오르차테리아를 갈아 만든 빙수도 있다. 오르차타는 마트에서도 병으로 쉽게 살 수 있다.

가이드북에 없는 진짜 스페인을 보여주고 싶다며 아나

는 마드리드 북쪽 테투안으로 데려가 마드리드에서 유일한 오르차타 공장으로 안내했다. 발렌시아 출신이 운영하는 오르차타 공장은 옛날 방앗간 혹은 빵집 분위기로 정겹다. 즉석에서 신선하게 따른 오르차타 500ml 가격은 3.5유로. 여기에 오르차타와 같이 먹는 파르톤(Fartón, 발렌시아어로 Fartó)은 밀가루와 우유, 설탕, 달걀로 반죽해 길쭉한 모양으로 구운 뒤 설탕 글레이즈를 덮어 만든 빵이다.

추파, 타이거너트, 기름골이라 하는 오르차타의 원료는 땅속에서 자라는 덩이줄기(Tuber)로, 감자가 이에 해당한다. 추파는 땅속에 있는 줄기 끝이 양분을 저장해 크고 뚱뚱해진 땅속줄기다. 6천 년 전 이집트인 무덤 속 항아리에서 발견된 추파. 고대 이집트에서는 죽은 자를 위한 음식으로 관속에 추파를 넣었다.

아랍인에 의해 스페인으로 건너온 추파는 발렌시아의 대표 명산물이다. 발렌시아 자치지방 발렌시아주 알보라야(Alboraya)시는 추파 재배지로, 오르차타의 발생지로 본다.

타이거너트, 추파는 전분과 기름 그리고 당분이 풍부하다. 타이거너트는 일반적으로 모래 토양에 4월이나 5월에 심어 10월에서 12월까지 수확한다. 땅속에서 타이거너트가 자라는 동안 땅 위로는 초록색 잎과 줄기가 자란다. 수확 전에 잎사귀는 불에 태우거나 깎여 나간다. 타이거너트 수확을 위해서는 감자를 캐듯 땅속줄기를 파헤쳐야 하는데 예전에는 수작업을 거쳤다면 요즘은 기계로 수확한다.

오르차타를 만들기 위해서는 수확 후 건조한 다음 분류한다. 먼저 말린 타이거너트에 묻은 불순물을 제거하기 위해 물로 깨끗하게 씻은 후 염소 처리한 물에 넣었다가 헹군 다음 결함이 있는 타이거너트를 골라내기 위해 15~17°C 소금물에 넣는다. 이때 벌레 먹은 타이거너트나 정상적으로 발육이 안 된 타이거너트가 물에 뜨면 이를 골라내고 소금기를 없애기 위해 식수로 여러 차례 헹군다.

다음은 말린 타이거너트를 불리는 과정이다. 물에 담근 타이거너트의 쪼글쪼글한 표면이 수분을 머금어 매끄러워지면 살균 작업을 거친다. 이후 타이거너트 1kg당 물 3L를 넣고 분쇄하고 체에 거른다. 그다음 리터당 설탕 100~150g을 넣고 0°C까지 온도를 낮추고 2°C로 차갑게 유지한다. 오르차타는 차갑게 냉장 보관하거나 꽤 오랫동안 냉동 보관할 수 있다.

발렌시아 대학의 연구 결과를 살펴보면 타이거너트에는 건강에 좋은 성분이 다량 함유됐다. 피부와 모발을 개선하는 비오틴(비타민H), 혈관을 보호하는 루틴(비타민P)뿐만 아니라 불포화 지방산, 특히 리놀레산을 많이 함유하고 있다. 타이거너트는 지방이 25% 이상 전분이 약 30%, 단백질(아미노산)은 7%가량 들어있다. 타이거너트에는 미네랄(칼슘 · 마그네슘 · 칼륨 · 철분)도 함유돼 있어 골다공증과 골연화증 및 빈혈 완화에 도움을 준다. 타이거너트는 섬유질이 풍부하며 올리브 오일과 비슷한 성분인 올레산의 함량이 높아 전체 콜레스테롤 수치를 조절하여 고지혈증에 효과적인 식품이다. 타이거너트로 만든 오르차타는 건강음료로 황금에 비유될 만하다.

스페인 중부

Zona centro de España

최상급 하몬과 피멘톤을 생산하는 에스트레마두라.
오븐에서 천천히 부드럽게 구운 세고비아의 코치니요.
전국 각지에서 직송한 싱싱한 농수산물은 매일 아침 마드리드에 도착한다.
갈리시아, 바스크, 카탈루냐, 발렌시아, 안달루시아 등
각 지역의 음식을 맛볼 수 있는 곳, 마드리드다.

카스티야 이 레온(Castilla y León)
마드리드(Madrid)
에스트레마두라(Extremadura)
카스티야 라만차(Castilla-La Mancha)

1

대중 예술의 경지,
감자 오믈렛

Tortilla de Patatas

스페인에서 가장 많이 먹는 요리 중 하나가 토르티야 데 파타타스(Tortilla de Patatas)가 아닐까. 토르티야(Tortilla)는 오믈렛을, 파타타스(Patatas, Patata의 복수형)는 감자를 뜻한다. 주변에서 쉽게 구하는 달걀과 감자로 만드는, 저렴하면서 푸짐하고도 맛있는 요리가 토르티야 데 파타타스(감자 오믈렛)다. 타파스 바에서 아이들 생일파티는 물론 주요 행사에서 흔히 등장하는 토르티야 데 파타타스는 그야말로 스페인의 대중 요리다. 스페인 국기의 노란색이 이 토르티야 데 파타타스에서 왔다는 우스갯소리도 있다니 이 정도면 국민 요리라 불릴 만하다.

스페인에서는 집집마다 자신만의 토르티야를 만든다. 감자와 양파를 크게 써느냐 작게 다지느냐에 따라, 달걀을 얼마나 어떻게 익히는지에 따라 입안에 넣었을 때 맛과 감촉이 달라진다. 씹히는 맛이냐, 크리미하게 부드러운 맛이냐는 선택의 문제다. 이를 스페인어로 '쿠아하다스(Cuajadas)'라 하는데 달걀 응고 단계에 따라 맛의 차이를 준다. 너무 바싹 익히면 퍽퍽하게 건조해지니 알맞은 시간과 불 조절로 부드럽고 촉촉하게 만드는 게 감자 오믈렛의 비법이다. 무엇보다도 부침개처럼 양면 뒤집기를 잘해야 성공한다. 감자 오믈렛인 만큼 감자만 들어가도 된다. 양파가 꼭 들어가야 하는가 여부는 중요치 않다(하지만 난 양파가 들어간 게 더 맛있다). 취향에 따라 피망이나 하몬 혹은 버섯 등을 넣기도 한다. 토르티야는 뜨거울 때도 차가울 때도 맛있다. 집에서도 아이들 간식으로 밥반찬으로 해주면 잘 먹는다.

'부드럽고 촉촉한 황금빛 감자 오믈렛은 대중 예술'이라 말했던 나의 요리 선생님이자 친구인 아나 돌스. 아나는 자신이 만드는 감자 오믈렛은 친정 엄마 손맛이라고 했다. 초등학생인 아나의 딸 소피와 로라는 겉은 익고 속은 크리미하게 반숙 형태로 만든 토르티야를 좋아한다. 여기엔 감자와 양파를 잘게 다져 넣는다. 아나는 자신의 생일 파티 때 두툼하고 큼직하게 썬 감자와 양파로 토르티야를 만들었다.

대부분의 스페인 타파스바에서는 아침 식사로 커피와 토르티야 데 파타타스 핀초 메뉴를 선보인다. 오전 11시까지는 커피와 토르티야를, 오후 12시부터 1시 사이에는 시원한 드래프트 맥주 카냐(Caña) 한 잔에 토르티야를 맛본다. 감자 오믈렛 한 조각이면 은근 요기가 된다. 스페인 슈퍼마켓 체인 디아(Dia)에서 냉동 토르티야 데 파타타스를 팔기도 하는데 젊은 층이 주로 소비한다. 감자 오믈렛은 스페니시 오믈렛, 토르티야 에스파뇰라(Tortilla española)라고도 한다.

영화는 일상을 대변해주기도 한다. 페드로 알모도바르 감독의 영화 「귀향(Volver)」에서 페넬로페 크루스의 어머니 역을 맡았던 카르멘 마우라가 감자 오믈렛을 만드는 모습, 그녀의 딸을 연기한 페넬로페 크루스가 감자 오믈렛을 준비하는 장면은 스페인에서 토르티야 데 파타타스가 얼마나 대중적인 요리인지를 보여준다.

또 다른 영화도 있다. 페넬로페 크루스를 두고 하비에르 바르뎀과 조르디 몰라가 하몬 다리를 들고 결투하는 장면이 기억에 남는 영화 「하몬하몬(Jamón Jamón)」에서도 하비에르 바르뎀이 페넬로페 크루스를 부드러운 감자 오믈렛에 비유하기도 했다.

스페니시 감자 오믈렛에 관한 기원은 여러 가지가 있다. 먼저 감자의 원산지 페루에서 만들기 시작했다는 이야기다. 이는 1527년 페루를 발견했던 스페인 정복자 프란시스코 피사로(Pizarro)에 의해 감자를 넣은 토르티야가 만들어졌다는 설이다. 하지만 16세기에 사람들은 감자에 독이 있다고 믿어 먹지 않았다.

다음은 바스크 기원설이다. 제1차 카를로스 전쟁*이 한창이던 1835년. 빌바오는 포위당했고 먹을 것이 없었다. 이때 토마스 수마라카레기(Tomas Zumalacárregui) 장군이 군대를 위해 감자 오믈렛을 만들었다는 이야기가 전해 내려온다(오늘날 바스크에서는 토르티야 데 파타타스 콘테스트도 열린다).

* 카를로스 전쟁
Guerras Carlistas, 1833~1840, 페르난도 7세와 마리아 크리스티나 사이의 딸 이사벨 2세의 즉위를 반대하고 숙부 카를로스 데 몰리나 백작을 왕위에 올리고자 한 내전

그러나 이보다 앞선 내용이 있다. 스페니시 감자 오믈렛에 관한 최초의 증거로 1798년으로 거슬러 올라간다. 에스트레마두라 바다호스(Badajoz)의 비야누에바 데 라 세레나(Villanueva de la Serena)에서 호세 데 테나 고도이(José de Tena Godoy)와 말페이토(Malfeito)는 기아와 싸울 수 있는 값싼 음식을 찾고 있었다. 당시 이들이 달걀과 감자로 토르티야를 만들었다는 것은 기록으로 남아 있다. 이는 고등과학연구회(CSIC)의 하비에르 로페스 리나헤(Javier López Linage)가 발견한 문서로 그가 쓴 책 『스페인 감자(La patata en España)』에도 이러한 내용이 나온다.

작가의 작품 속에도 스페니시 감자 오믈렛에 관한 기록이 있다. 프랑스 작가 알렉상드르 뒤마 (Alexandre Dumas)는 『파리에서부터 카디스까지(De Paris à Cadix, 1847)』라는 여행기에 스페인에서의 경험을 담았다. 프랑스 정부 위원이던 그는 1846년 스페인 여행을 하면서 감자 오믈렛의 오리지널 조리법을 알게 되었다.

좋은 감자를 벗겨 얇게 자른다.
라드(돼지기름)에 약간의 양파와 감자를 튀기고 잘 저은
달걀물에 소금과 기름을 뺀 감자와 양파를 넣는다.
모든 것을 잘 섞은 다음 불에 익힌다.

이처럼 작품을 살펴보면 올리브 오일이 아닌 라드를 사용하는 것 말고는 오늘날 스페니시 감자 오믈렛을 만드는 방법과 같다.

아라곤 출신인 테오도로 바르다히(Teodoro Bardají) 셰프는 1935년 주간지 「에야스(Ellas)」에 토르티야 데 파타타스 오리지널 조리법을 공식적으로 처음 알렸다.

페란 아드리아는 봉지과자 감자칩을 넣는 토르티야 조리법을 알렸다. 감자를 자르고 튀기는 과정을 생략한 조리법으로 이 얼마나 간편하고 신선한가. 많은 양의 기름도 필요 없다. 엑스트라 버진 올리브 오일 네 큰 술이면 충분하다. 감자칩을 넣는 조리법은 페란 아드리아가 개발했다고 알려지기도 했으나 실제로 그는 그의 레시피가 아니라고 말했다. 이 조리법은 평범한 학생의 아이디어라고 한다.

8 Recipe

감자 오믈렛

Tortilla de patatas

재료(4인분)

중간 사이즈 감자 2개, 양파 1/2개, 달걀 4개, 소금과 후추, 올리브 오일(식물성오일) 350ml

만드는 방법

1. 감자 껍질을 벗기고 잘라 소금을 뿌리고 5분 동안 둔다. 그동안 프라이팬에 올리브 오일을 넣고 가열한다.
2. 양파를 씻고 얇게 잘라 약간의 기름에 노릇하게 될 때까지 볶는다.
3. 5~10분 동안 약불에서 감자를 튀긴 후 감자를 익히기 위해 불 온도를 높인다.
4. 감자가 익으면 기름을 빼고 감자를 분리한다.
5. 그릇에 달걀물을 휘젓고 기름에 익힌 감자, 양파를 넣은 다음 소금 후추로 간을 한다.
6. 프라이팬에 올리브 오일을 넣고 중불에 둔다. 그릇에 있는 모든 재료를 추가하며 살짝 굳을 때까지 저어준다.
7. 불을 줄이고 표면이 갈색으로 나타날 때까지 몇 분 정도 둔다.

8. 프라이팬 위에 접시를 놓고 프라이팬과 접시를 뒤집어서 감자 오믈렛을 접시에 담는다.
9. 아직 조리가 덜 된 접시 면과 맞닿아 있는 감자 오믈렛 면을 팬에 슬라이딩하듯 담고 노릇해질 때까지 불에 올려둔다.
10. 마지막으로 프라이팬 위에 깨끗한 서빙 접시를 놓고 감자 오믈렛을 뒤집은 다음 그대로 두면 완성.

Zona centro de España

2

추로스, 추로스!

Churros

스페인 중부

스페인 음식으로 알려진 추로스(Churros). 추운 겨울 기름지고 달달한 추로스가 생각난다. 스페인에서 추로스는 아침 식사로 뜨거운 초콜릿에 듬뿍 찍어 먹거나 커피에 우유를 넣은 카페 콘 레체(Café con leche)를 곁들인다. 추로스는 간식으로도 인기지만 스페인에서는 술 먹은 다음 해장을 위해 즐겨 찾는 음식이기도 하다.

마드리드 밤거리를 무작정 걷던 어느 날, 추로스 가게 산히네스(San Ginés)의 기분 좋은 기름 냄새를 맡고 그냥 지나치기가 힘들었다. 게다가 이곳은 24시간 영업으로 끊임없이 사람들을 유혹하는 곳이다. 자정 무렵 갔던 산히네스에는 손님들로 꽉 찼던 기억이 난다. 1890년에 여관으로 지어진 산히네스는 1894년부터 초콜릿과 추로스에만 전념하고 있다.

스페인에서 가장 오래된 추로스 가게 추레리아(Churrería)는 마드리드에 있다. 1883년에 문을 연 추레리아 마드리드1883은 4대째 가업을 이어오고 있다.

한때 추로스에 빠져 모든 추로스를 섭렵해보겠다며 추로스 봉지 과자도 종류별로 맛보곤 했다. 마트에 가면 냉동 추로스부터 만들기 제품까지 종류도 다양하다. 아이들도 집에서 놀이 삼아 반죽하고 추로스를 만든다. 생각하건

대 일상에서 가장 쉽게 접하는 스페인 음식이 추로스가 아닐까 싶다.

달달한 추로스에 전혀 상상도 하지 못한 이야기가 전해 내려온다. 하나는 양을 치는 스페인 유목민에 의해 추로스가 만들어졌다는 이야기다. 산속에서 몇 주 혹은 몇 달간 고립되어 일하던 양치기들이 갓 구운 빵을 먹기란 쉽지 않았다. 이들은 물과 밀가루만으로 반죽해 불을 지펴 기름에 튀긴 추로스를 들고 다니며 식사로 먹었다. 여기에 이베리아 반도의 추라(Churra) 양에서 유래한 나바호 추로(Navajo-Churro)라고 불리는 품종이 있다는 사실이 이를 뒷받침해준다. 이 양들의 뿔은 튀긴 추로스와 비슷한 모양이다.

추로스가 중국 음식 '요우티아오(Yóu Tiáo, 油条)'에서 유래했다는 이야기도 있다. 상하이 길거리 음식으로도 유명한 요우티아오. 언제부터 만들었을까. 때는 12세기로 거슬러 올라간다. 남송 시대 명장 악비는 북방 여진족이 세운 금나라와 용감히 싸웠지만, 금나라 화친을 주장하던 재상 진회와 그의 아내 왕 부인의 음모로 투옥 후 비참히 처형당했다. 백성들은 악비를 변호할 능력이 없어 좌절했지만, 자신만의 방식으로 의사를 표출했다. 밀가루 반죽을 공급하던 노점 상인이 반죽으로 진회와 왕 부인을 만들고 커터로 깎아내렸다. 이를 뒤틀어 한 조각으로 만들고 기름을 가득 채운 냄비에 던졌다. 진회를 기름에 튀기라고 군중들은 외쳤고 궁에서 이를 본 진회는 격분했다. 튀긴 반죽을 맛있게 먹는 모습에 진회는 더 격노했다. 이때 만들어진 맛난 길거리 음식은 중국의 다른 도시에도 빠르게 퍼졌다.

어느 날 포르투갈 선원들이 중국 북부에서 '요우티아오'라고 불리는 음식을 발견했고, 이를 포르투갈에 들여와 이웃 스페인에 전수했다는 게 추로스에 얽힌 또 다른 이야기다.

라틴아메리카를 정복했던 스페인. 음식 문화 또한 서로 영향을 받았다. 스페인은 16세기 중반에 멕시코에서 초콜릿을 가져왔다. 멕시코에서는 스페인에서 만드는 방식과 비슷한데 추로스에 계피를 뿌리고 캐러멜 필링이나 바닐라를 넣는 게 가장 큰 차이점이다. 우루과이에서는 짭짤한 조합으로 치즈를 넣는다. 브라질은 추로스 크기가 더 크며 추로스 가운데 초콜릿을 채운다.

스페인에는 추로스와 비슷한 포라스(Porras)가 있다. 포라스 반죽에 이스트나 베이킹 소다가 들어가는 게 추로스와 다른 점이다. 이에 포라스는 반죽 후 휴지기가 필요하며 반죽이 스펀지처럼 부풀어 오른다. 또한 포라스에는 추로스보다 밀가루 양이 적게 들어가지만 두껍다. 포라스는 국수 면을 뽑듯 길게 뽑으면서 동시에 동그랗게 말린 루프 모양을 만들며 튀긴 후 작은 조각으로 자른다. 추로스는 처음부터 개별적인 모양을 내 기름에 넣는다.

전통적인 스페인 추로스는 고리 모양이며 대개 설탕을 뿌려 먹는데 스페인 동남쪽 지역에는 소금을 뿌려먹기도 한다. 뜨거운 기름에 튀겨 초콜릿에 듬뿍 찍어 먹는 추로스, 겨울에 더 찾게 된다.

위_ 마드리드 추로스 전문점 산히네스
아래_ 포라스와 초콜릿

8 Recipe

추로스
Churros

재료(4인분)

밀가루 175g, 물 350ml, 소금 5g, 설탕(튀김 후 뿌리는 설탕), 올리브 오일(식물성 오일)

부재료

별 모양 노즐이 있는 짜주머니

만드는 방법

1. 믹싱 볼에 밀가루를 넣는다.
2. 작은 냄비에 물과 소금을 넣고 불을 올린다.
3. 물이 끓기 시작할 때 밀가루를 넣고 나무 순가락으로 잘 섞는다.
4. 반죽한다.
5. 짜주머니에 반죽을 넣는다.
6. 짜주머니 안의 반죽을 눌러서 공기를 제거한다. 만약 반죽에 공기가 있으면 튀김하는 순간 추로스가 터질 수 있다.

7. 중간 높이 이상의 깊은 냄비(손가락 서너 마디 높이)에 기름을 넣고 열을 올린다(튀김기가 있다면 190℃로 맞춘다).

8. 기름 온도가 170~190℃인지 확인한다(온도가 너무 높으면 추로스 반죽 가운데가 익지 않고, 온도가 너무 낮으면 기름을 너무 많이 흡수해버린다).

9. 추로스를 각각 가위로 자르고 기름에 넣으면서 모양을 잡는다(뚜껑을 열어둔 채 튀긴다). 노릇노릇하게 익는 데는 2~3분 정도 걸린다.

9. 튀김이 끝나면 꺼내어 키친타월에 올려둔다.

10. 설탕을 뿌리고 먹는다(진한 초콜릿에 찍어먹어도 좋다).

3

마드리드 보양식,
코시도 마드릴레뇨

Cocido madrileño

마드리드에서 코시도 마드릴레뇨(Cocido madrileño)는 추운 겨울 든든한 보양식이다. 두툼한 질그릇에 가득 담긴 코시도 마드릴레뇨를 처음 봤을 때 갈비탕과 삼계탕, 부대찌개를 한데 조합한 듯했다. 보기만 해도 배부른 느낌이다.

일단 소고기와 돼지고기, 닭고기, 각종 소시지와 병아리콩을 비롯해 감자와 양배추, 당근 등 채소가 푸짐하게 들어간다. 여기에 소 등뼈와 골수도 넣고 푹 고아낸다. 한국식 탕요리에 밥이나 면을 말아 먹듯 코시도 마드릴레뇨 국물(수프)에는 스페인식 파스타 피데오(Fideo) 면을 넣어 먹는다.

중세 시대부터 전해져온 코시도 마드릴레뇨는 마드리드를 대표하는 요리다. 마드리드에서는 크리스마스부터 신년 명절 휴가 기간에 가족과 함께 코시도 마드릴레뇨를 즐겨먹기도 한다. 사실 추운 겨울뿐 아니라 뜨거운 여름에도 지친 기운에 힘을 북돋아주는 영양식이 코시도 마드릴레뇨다. 무더운 어느 날 마드리드에서 코시도 마드릴레뇨를 맛본 남편은 바르셀로나까지 걸어갈 수 있을 것 같다고 했다.

15세기 후반 무렵, 아쉬케나지 유대인의 요리 촐런트(Cholent)에서 코시도가 기원했다고 본다. 스페니시 유대인은 이와 비슷한 요리 아다피나(Adafina)를 만들었고 코시도 마드릴레뇨 역사는 여기서부터 시작됐다. 스페인에 살던 유대인은 오랜 시간 불린 병아리콩에 마늘과 양고기,

양념 스톡을 넣어 안식일 전날 밤에 아다피나를 준비했다. 유대인은 안식일인 금요일 해질 무렵부터 토요일 해질 때까지 일체의 세속적 노동을 중지한다. 이에 유대인은 종교적 법률을 위반하는 것을 피하고자 약불에 냄비를 올려둔 채 불앞을 지키지 않았고, 사람 없이 냄비 홀로 오랜 시간 요리를 품고 있었다.

이베리아 반도에 거주하던 유대인 마라노스(Marranos)는 가톨릭으로 개종하기를 강요받았다. 그들은 개종을 성실히 증명하기 위해(유대인은 돼지고기를 먹지 않으므로) 돼지기름, 베이컨, 돼지고기 소시지 초리소와 피순대 모르시야(Morcilla)를 유대인의 스튜 아다피나에 넣었다. 코시도 마드릴레뇨가 만들어진 데는 이러한 배경이 있다.

15세기 후반에서 16세기 초 아다피나, 하민(Hamin) 혹은 히브리어로 촐런트, 삶거나 찐 요리를 뜻하는 코시도로 불리던 요리는 17세기 무렵 '마드리드 사람'이라는 뜻인 마드릴레뇨를 붙여 '코시도 마드릴레뇨'로 명명했다. 코시도와 비슷한 요리로는 카스티야 이 레온에서 17세기와 18세기에 유행했던 오야 포드리다(Olla podrida)가 있다. 이는 잡탕 요리 혹은 도덕적으로 부패한이라는 뜻으로 주재료는 콩과 돼지고기다.

19세기 후반부터 20세기 초 코시도 마드릴레뇨는 상류층 사이에서 인기를 끌었다. 역사적으로 어느 나라나 고기는 귀했다. 하지만 귀족들이 즐겨 먹던 코시도에는 고기가 듬뿍 들어갔다.

스페인 내전 이후 코시도 마드릴레뇨의 인기는 증가했

다. 오늘날 코시도 마드릴레뇨는 가정식 요리로 특별한 날에 먹는다. 마드리드에서 메누 델 디아(오늘의 요리) 세트 메뉴로 만날 수 있고, 호텔 레스토랑에서 특식으로 맛볼 수 있다.

코시도는 세 가지 코스로 즐길 수 있다. 요리가 완성되면 먼저 진한 육수에 피데오(파스타 면)를 잘게 쪼개어 익힌 수프를 식탁에 올린다. 수프는 진한 고기 국물과 시원한 채소의 맛이 어우러져 있다. 수프를 다 먹을 때 즈음 다음으로 병아리콩과 감자, 당근과 볶은 양배추를 맛본다. 오랜 시간 익힌 병아리콩은 굉장히 부드럽고 고기 맛이 깊게 배어 있다. 양배추도 찜기에 찐 것을 다시 볶아서 적당히 아삭하면서 부드럽다. 마지막으로 고기를 먹는다. 요리에 들어간 닭고기, 돼지고기, 소고기, 초리소와 모르시야는 코시도 마드릴레뇨의 진수다.

곰탕 한번 끓이면 사골 우거지탕이나 사골 떡국을 만드는 것처럼 코시도 마드릴레뇨도 여러 가지 요리로 응용할 수 있다. 스페인 가정에서 첫날 코시도 마드릴레뇨를 맛있게 즐겼다면 이튿날 병아리콩과 고기를 따로 볶고 여기에 달걀프라이를 얹어 로파 비에하(Ropa vieja)를 만든다. 볶은 고기가 남았다면 고기를 으깨어 빵 사이에 넣어 프린가(Pringá)나 크로케타스(Croquetas)도 만들 수 있다. 진한 육수가 밴 고기로 만든 크로케타스는 특별하다.

위_ 코시도 마드릴레뇨 전문 식당 라볼라
아래_ 아나 돌스가 만든 가정식 코시도 마드릴레뇨

***코시도 마드릴레뇨 전문식당**

마드리드에서 1839년부터 코시도 마드릴레뇨를 요리하는 라르디(Lhardy)는 고풍스럽다. 1870년부터 문을 연 라볼라(La Bola)는 거리명과 식당 이름이 같다. 이곳의 연륜 있는 카마레로(웨이터)는 전문적인 서비스를 제공한다. 1895년부터 와인과 함께 코시도 마드릴레뇨를 선보이는 말라카틴(Malacatín)은 아늑하고 편안한 분위기로 마드리드 사람이 즐겨 찾는다.

Zona centro de España

4

세고비아의 명물, 코치니요 아사도

Cochinillo asado

스페인 중부

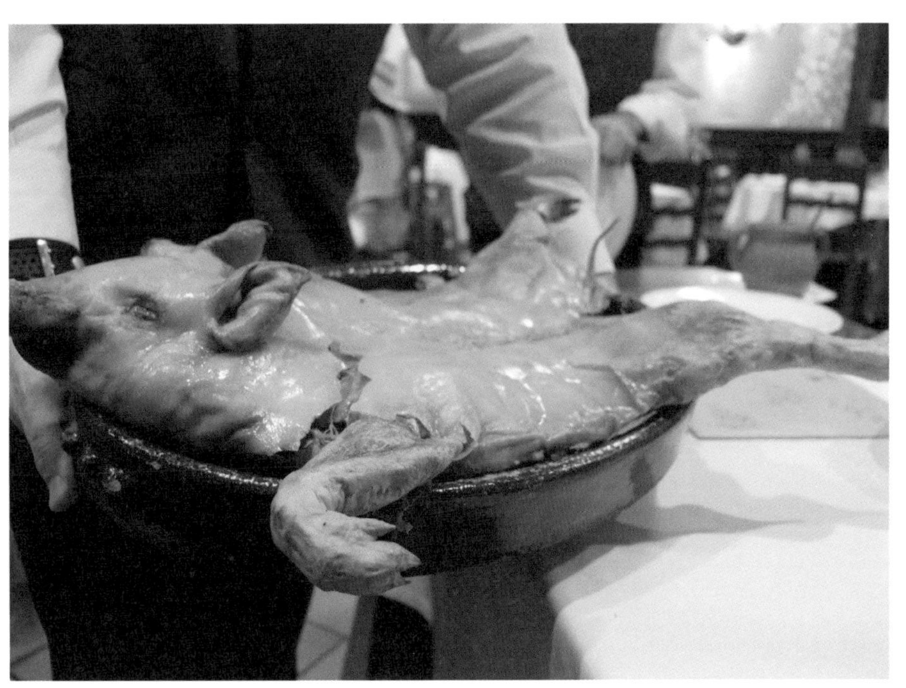

"세고비아에 있는 코치니요 식당 중에 관광객이 많은 메손 칸디도(Mesón Cándido)보다 호세 마리아(José María)가 현지인에게 더 인기 있어."

요리학교에서 아내 크리스티나와 수업을 같이 듣던 알베르토가 젖먹이 아기 돼지 통구이 코치니요 아사도(Cochinillo asado) 이야기가 나오자 말했다. 그의 부모님은 마드리드에서 성공적으로 식당을 운영하셨다. 그래서일까. 알베르토는 칼 잡는 모습부터 남달랐다. 미식가인 그가 알려준 맛집 목록을 종이에 적었다. 언젠가 가보겠노라고.

중세풍 구시가지 좁은 골목을 지나면 탁 트인 광장이 보이고 1세기 고대 로마 유산인 수도교가 눈앞에 펼쳐진다. 2000년의 세월을 마주하니 온몸에 전율이 느껴진다. 그 위로 자유를 상징하는 새들이 마음껏 날아다닌다. 감동적인 장면이다. 더불어 고딕 양식을 결합한 세고비아 대성당과 디즈니 백설공주 성으로 알려진 알카사르 궁전은 또 다른 감동으로 다가온다. 로마인과 무어인, 유대교와 그리스도교 문화가 융합된 세고비아는 도시 전체가 독특한 분위기를 자아낸다. 유네스코에서는 수도교와 구시가지를 세계문화유산으로 지정했다.

세고비아는 목동이 양을 치던 땅이었다. 이에 전통적으로는 양고기와 관련한 조리법이 발달했다. 세고비아에서는 1492년까지 유대인 공동체가 존재했고, 돼지고기로 만

HORNO ASAR

든 요리는 그리스도교를 믿는 사람인지를 구분하는 수단이기도 했다. 로마 시대에 코치니요를 먹었다는 기록도 있지만 세고비아에서 코치니요가 존재한 건 그 이후로 본다.

먹을거리가 풍부하지 않던 시절, 경제적 측면에서 젖먹이 아기 돼지로 요리한다는 건 논리적이지 않다. 코치니요는 15세기부터 16세기, 특히나 17세기와 18세기에 가장 지위가 높은 귀족의 요리로 묘사됐다고 인류학자 페드로 하비에르 크루스(Pedro Javier Cruz)는 설명한다.

1502년 포르투갈 출신 귀족 알바로 데 브라간사 이 카스트로(Álvaro de Braganza y Castro)가 세고비아를 지날 때 일이다. 그는 한 여인이 만든 코치니요를 보자마자 먹고 싶었다. 귀족은 여인에게 코치니요를 달라고 청했다. 여인은 코치니요를 내었고 그는 코치니요를 맛봤다. 하지만 귀족은 돈을 안 내고 그냥 갔다. 지금으로 말하자면 먹튀다. 여인은 화가 나서 알바로에게 저주를 퍼부었고 그는 결국 사망했다. 세고비아에서 전해 내려오는 전설 속 이야기다.

작가 디오니시오 페레스(Dionisio Pérez)가 1929년에 쓴 『좋은 스페인 음식 가이드(Guía del buen comer español)』를 보면 코치니요는 세고비아의 전통 요리라고 나온다.

1930년대 이후 세고비아에 관광객이 증가했고 수도교 아래 1884년부터 식당과 여관을 운영하기 시작한 칸디도는 코치니요를 적극 홍보했다. 당시 스페인 내전(1936~1939)이 끝나고 정치인, 배우, 지식인 사이에서 코치니요의 인기가 높아졌다.

살코기가 매우 부드럽다는 것을 보여주는, 접시 모서리로 코치니요를 자르는 방식은 원래 세고비아의 전통은 아니었다. 이는 1725년 마드리드에서 문을 연, 세계에서 가장 오래된 식당으로 기네스북에 오른 카사 보틴(Casa Botín, 현재는 소브리노 데 보틴)에서 유래했다. 아마도 칸디도가 이를 가져와 선보이기 시작했다는 게 인류학자의 설명이다.

마드리드에서 차로 1시간 거리. 세고비아가 친정인 카르멘과 함께 마드리드에서 세고비아로 떠났다. 세고비아에 있는 하몬 공장 몬테 네바도에서 취재를 마치니 오후 4시. 점심도 거른 상태라 허기가 몰려왔다. 몬테 네바도의 최상급 하몬 이베리코를 취급하는 곳이 마침 칸디도와 호세 마리아였다. 칸디도는 브레이크 타임에 걸려 늦은 점심을 먹으러 호세 마리아에 갔다.

호세 마리아는 열정적인 미식 전문가다. 소믈리에로 일을 시작한 그는 리베라 델 두에로에 있는 그의 와이너리에서 와인을 생산하며, 코치니요 전문 셰프로서 코치니요 인증을 주관하는 홍보 협회를 만들었다. 최상급 재료를 얻기 위해 호세 마리아는 돼지 농장을 운영하며 임신한 어미 돼지를 적절히 기르는 방법을 과학적으로 연구해 뛰어난 육질을 생산한다. 코치니요 요리 과정을 설명하는 호세 마리아의 유튜브 영상을 보면, 그의 몸짓에서 경륜이 배어난 전문가의 포스가 자연스럽게 흘러나온다. 호세 마리아 식당이 왜 유명한지는 그의 삶을 통해서 알 수 있다.

스페인 현지인에게 사랑받는 코치니요 아사도 전문식당 호세 마리아

아기 돼지 통구이는 그리스, 중국, 필리핀 등 여러 나라에 있지만, 부드럽게 요리하기 위해 향신료와 허브로 마리네이드하는 경우가 대부분이다.

세고비아의 코치니요는 식재료 자체의 맛에만 의지한다. 호세 마리아는 소금만 사용하는데, 재료에 조미료나 소스를 사용하는 것은 마스크를 씌우는 것과 같다고 호세 마리아는 말한다.

어미 돼지는 아기 돼지를 위해 보리, 옥수수, 밀기울과 콩가루를 먹는다. 아기 돼지는 오직 어미젖만 먹은, 태어난 지 3주가 지나지 않은 4.2~4.8kg일 때 도축된다.

코치니요의 조리법은 간단하지만 도축하고 식탁에 오르기까지 섬세함을 요한다. 도축 후에는 돼지가 백색이 될 때까지 씻어낸다. 돼지를 테이블 위에 놓고 목에서부터 꼬리까지 나이프를 사용해 척추를 조심스레 연다. 이후 구이 접시에 물을 약간 붓고 돼지를 올리고 소금을 뿌린 다음 약 200℃의 오븐에 그대로 둔다. 2시간 후 구이 접시에

물을 더 붓고 돼지에 약간 노릇한 색을 띠면 다시 뒤집는다. 이제 등을 위쪽으로 하고 조심스럽게 찌른다. 이때 호세 마리아는 표면에 올리브 오일을, 칸디도는 라드를 바른다. 이후 오븐에 1시간 정도 넣어두고 30분간 열에서 잘 익고 있는지 관찰한다. 조리 과정에서 지방은 아래로 빠져나간다. 구릿빛이 돌고 바삭한 느낌이 들면 오븐에서 꺼낸다.

전통적으로 구운 코치니요는 통째로 테이블 앞으로 가져간다. 식사에 앞서 연륜 있는 카마레로(Camarero, 웨이터)가 접시 모서리로 코치니요를 자르는 퍼포먼스를 보인다. 의식의 순간이다. 이는 코치니요가 얼마나 완벽하게 조리되고 부드러운지를 보여준다. 겉은 바삭하고 속은 촉촉하며 육즙이 가득하다. 요리는 뜨겁고 아주 연하다. 쨍그랑. 카마레로가 접시를 바닥에 깨트렸다. 그 소리마저 가볍고 경쾌하게 들린다.

Zona centro de España

5

볶음빵, 미가스

Migas

스페인 중부

©Fernado Madariaga /ICEX

"산초 친구, 나는 내 고양이에게 미가스를 줄 기분이 아니야. 복잡하고 정신적으로 힘들어(Sancho amigo, que yo no estoy para dar migas a un gato, segun traigo alborotado y trastornado el juicio)."

_세르반테스, 『돈키호테』 중에서

2018년 미국국립과학원회보(PNAS)에 실린 연구 내용이 흥미롭다. 빵 만들기가 밀농사보다 먼저였다는 연구결과다. 이 연구에 참여한 스페인 연구자는 요르단 북동부 사막에서 1만 4400년 전에 만들어진 빵의 잔해 미가스 데 판(Migas de Pan)을 확인했다.

스페인에서는 '먹고살기 위해 일한다'는 의미로 '가나르세 엘 판(Ganarse el pan)' 즉 '빵벌이하다'는 말이 있다. 유럽 여느 나라가 그렇듯, 스페인에서 빵은 한국의 밥과 같다.

볶음밥에 달걀프라이가 한 쌍을 이루듯 스페인에서는 빵을 볶고 그 위에 달걀프라이를 얹는다. 한국에 볶음밥이 있다면, 스페인에는 볶음빵이 있다.

미가스(Migas)는 볶음빵 요리다. 빵조각이라는 뜻의 미가스는 수분이 날아가 굳어진 빵을 잘게 부숴 채소와 고기, 소시지 등을 넣고 기름에 볶아 만든다. 미가스를 처음 맛본 건 마드리드 산미겔 시장에서다. 슈퍼에는 데우기만 하면 먹을 수 있는 진공 포장된 간편식 미가스도 판다.

미가스의 유래는 여러 설이 있다. 빵의 역사는 오래되었기에 그 기원은 무구한 시간을 거슬러 올라간다.

로마 제국 시대에 이베리아 반도에서 젖은 빵에 지방과 고기를 볶아 만든 요리는 정확하진 않지만 미가스의 전신일 수도 있다. 이후 무슬림 세력이 이베리아 반도를 정복하고 나서 빵으로 만든 새로운 요리가 들어왔다. 아랍 전통 음식 사리드(Tharid)는 수프에 빵조각과 채소, 양고기를 넣고 끓여 만들었는데 미가스와 아주 비슷하다. 예언자 무함마드는 언행록 『하디스(Hadith)』에서 사리드가 모든 요리 중 최고라고 말했다. 라마단 기간에 특별히 먹는 사리드는 특히나 이라크에서 대중적이다. 아라비안 문화인 사리드는 안달루시아에서 상류층 손님에게만 대접했다.

알안달루스 시대 세 개의 왕족 중 하나인 알모아드(Almohad)의 기록을 번역한 20세기 아랍계 스페인 역사학자 암브로시오 우이시 미란다(Ambrosio Huici Miranda)는 당시 요리법에 관한 정교한 방법 중 양고기 조각과 빵조각을 같이 넣는 걸 강조했고, 빵 혼합물이 두꺼운 점성이 일어날 때까지 조리한다고 했다.

12세기 스페인에 살던 아랍인 의사 아벤소아르(Avenzoar)는 건강 조언을 담은 음식 책 『리브로 데 로스 알리멘토스(Libro de los Alimentos)』를 저술했다. 그는 팬에 기름을 둘러 빵을 볶고 우유를 부어 빵을 촉촉하게 하고, 여러 번 많이 저은 미가스는 소화에 이롭다고 했다.

이베리아 반도에서 아랍 제국이 멸망한 후에 중세 르네상스에는 미가스에 대한 내용이 더 이상 언급되지 않는다.

16세기 펠리페 2세 때 프란시스코 마르티네스 모티뇨(Francisco Martínez Motiño)가 양치기가 만들던 붉은 사슴 지방이 들어간 미가스를 왕을 위해 요리했다. 그는 『아르테 데 코시나(Arte de Cozina)』라는 자신의 요리책에 세 종류의 미가스 레시피를 남겼다. 손으로 빵조각을 내서 만든 미가스 데 나타스(migas de natas), 미가스 데 레체(migas de leche) 이외에 미가스 데 가토(migas de gato)는 칼로 빵조각을 냈다. 이는 양치기가 들고 다녔던 주머니칼로 빵을 자르는 모습을 연상케 하는데, 빵의 겉면은 잘라내고 속살만 이용한 요리였다.

이베리아 반도에 이슬람 세력 이후 그리스도교가 들어서자 무슬림 금지 음식이던 돼지고기와 돼지기름을 넣어 미가스를 만들기 시작하면서 스페인 전역에 알려졌다.

20세기 유명 작가이자 미식가였던 에밀리아 파르도 바산(Emilia Pardo Bazán)은 『라 코시나 에스파뇰라 안티구아(La cocina española antigua)』라는 옛날 스페인 요리책을 썼는데, 이 책에는 아홉 개의 미가스 레시피가 수록됐다. 그는 17세기 이전에 스페인 부엌에는 피멘톤이 없었다며 옛날에는 피멘톤이 없는 미가스를 먹었다고 했다.

동시대, 도시의 부르주아는 식도락을 즐겼다. 당시 상류층을 대상으로 열었던 마드리드 고급 식당 파라베레(Parabere)에는 헤밍웨이와 스페인 정치인 등 유명인이 단골이었다. 작가이자 이 식당의 주인 마르케사 데 파라베레(Marquesa de Parabere)는 요리책을 집필했다. 그 중 『라 코시나 콤플레타(La cocina completa)』에는 두 개의 미가스 레시피가 있다. 그는 손가락으로 빵을 부숴 미가스를 만든다고 강조했고, 피미엔토 초리세로(고추)와 돼지고기를 넣은 미가스 만체가스(Migas Manchegas, 스페인 만체고 지역 스타일 미가스)에는 달걀프라이를 곁들인다고 했다.

두에로(Duero, 카스티야 이 레온, 에스트레마두라, 마드리드 포함)의 북부 산악 지방 유목민은 목초지를 찾기 위해 양을 데리고 이동했다. 많은 스페인 음식이 그렇듯, 미가스는 양치기가 신선한 풀을 찾으러 걷던 길에 브라세리토스(Braseritos, 화로) 위에서 만들던 요리다. 양치기의 음식 미가스는 오늘날의 미가스에 이르게 됐다. 농촌 환경 변화 이후 20세기 후반부터 바에서 타파스의 한 종류로 소량의 미가스를 메뉴에 올렸다.

라만차, 아라곤, 안달루시아에는 자신만의 미가스가 있다. 기본 재료는 좋은 빵과 지방이다.

안달루시아에서는 올리브를 수확할 때 커다란 팬에서 만든 미가스를 먹는데 재료를 살펴보면 하몬과 포도, 초콜릿을 곁들인다. 그라나다에서는 안초비, 멜론, 오렌지를 넣어 먹고 두에로 강 골짜기에서는 파스타처럼 소스를 넣고 튀긴 양파와 초리소, 고추와 달콤한 파프리카 가루로 만든 미가스를 먹는다.

에스트레마두라는 예부터 목동의 지역으로 미가스는 이곳의 고전적 요리로 여긴다. 에스트레마두라는 피멘톤 생산 지역으로도 유명하다.

에스트레마두라 카세레스(Cáceres)에서 1947년에 오픈한 이래로 메뉴의 80%가 그대로 유지되고 있는 엘 포곤 데 에우스타키오(El Fogón de Eustaquio) 식당은 미가스 에스트레메냐스(Migas extremeñas)가 대표 메뉴다. 완성된 미가스는 요리한 냄비 그대로 제공해 빵의 촉촉함을 유지하도록 한다. 셰프 알레한도르 하로네스 아리아스(Alejandor Jarrones Arias)는 미가스의 비법으로 양치기가 만들던 것처럼 젓고 또 저어야 재료가 빵에 스며들어 깊은 맛이 난다고 한다. 미가스 재료로 요즘은 동물성 지방보다 올리브 오일을 선호한다.

양치기의 혹독한 겨울을 버티고자 만들던 영양식이자 아침 식사로 혹은 사냥을 하며 먹던 미가스는 이젠 스페인에서 패셔너블한 사교 모임에서 맛보는 요리다. 파에야처럼 커다란 팬에 숟가락을 같이 넣어 먹으며 가족애를 나누는 요리, 미가스는 별미다.

8 Recipe

미가스 에스트레메냐스
Migas extremeñas

재료(4인분)

엑스트라 버진 올리브 오일 2T, 마늘 4쪽, 다진 홍고추 1개, 베이컨 150g, 초리소 150g, 피멘톤 둘세(달콤한 파프리카 가루) 1t, (소금을 넣은) 물 250ml, 빵 500g, 달걀 4개

만드는 방법

1. 팬에 올리브 오일을 두르고 불을 올린 후 마늘과 고추를 볶는다. 마늘이 갈색으로 변하면 베이컨과 초리소를 넣는다.
2. 5~10분 후 피멘톤을 넣고 젓는다. 그다음 재빨리 물을 넣어 피멘톤이 타지 않게 한다.
3. 부스러진 빵을 넣고 약불에 두고 빵에 수분이 스며들 때까지 계속 젓는다.
4. 맨 위에 달걀프라이를 얹는다.

6

기원전의 맛, 모르시야

Morcilla

PARA NO PERDER

밥알이 꽉 찬 순대 모르시야(Morcilla). 찹쌀순대 비주얼에 향신료의 맛과 향이 강하게 느껴지는 모르시야는 먹는 방법도 다양하다. 주로 타파스 재료로 기름에 구워 빵 위에 올리거나 으깨어 파이 속 재료로 활용한다. 달걀 스크램블에 모르시야와 잣을 넣어 고소한 풍미를 추가하고 틀로 모양을 낸 다음 케이크처럼 먹기도 한다. 스페인의 검은 유혹이다.

모르시야는 가장 오래된 소시지 중 하나다. 그리스 철학자 플라톤(BC 428)은 그리스 아프토니타스(Aftónitas)에 의해 모르시야가 발명됐다 했고, 호메로스의 『오디세이아』에도 모르시야가 등장한다. 기원전 146년 그리스가 로마의 속주가 되면서 그리스 요리문화도 로마에 흡수됐다. 이후 로마제국의 확장으로 이베리아반도에도 이들의 미식 문화가 퍼졌다.

325년 첫 번째 가톨릭 사도 평의회에서는 도덕과 위생에 관한 이유로 선지 소비를 금지했다. 유대인에게 선지는 이미 금지된 음식이었다. 그럼에도 불구하고 피순대 모르시야는 여전히 유효했다. 1400년경 스페인어와 포르투갈어 문서에는 모르시야와 비슷한 모레세라(Morecela)라는

정확하지 않은 기원이 있다. 루터와 휴머니스트들은 가톨릭교회가 정한 선지 소비 금지에 대해 처음으로 반대했고 모르시야는 여전히 소비되는 음식으로 오늘날까지 살아남았다.

모르시야는 고기가 들어가지 않는 소시지다. 돼지나 양의 내장에 선지가 채워지고 향신료로 맛을 낸다. 지방마다 모르시야 만드는 방법이 다른데 그중 카스티야 이 레온의 모르시야 데 부르고스(Morcilla de Burgos)가 유명하다.

여러 갈래로 이어진 산티아고 순례길 중에 잘 알려진 프랑스 길은 부르고스를 지난다. 이 순례길에서 꼭 먹어봐야 할 음식 중 하나가 부르고스의 모르시야다. 부르고스 대성당 근처 타파스바 모리토(Morito)는 다양한 조리법으로 모르시야를 선보인다. 아늑하고 편안한 분위기에 어린이도 함께 가기 좋은 모리토는 맛과 가격을 동시에 만족시키는 곳이다. 이곳은 주머니 사정이 넉넉지 않은 순례자들에게도 인기 있다. 순례길을 걷다가 모리토에 들러 모르시야가 들어가는 메뉴를 주문했다. 그중 기억에 남는 요리는 모르시야 본연의 맛을 살린, 철판에 올리브 오일을 두르고 모르시야를 지글지글 볶은 후 파프리카 소스를 곁들인 철판 순대볶음이다.

부르고스에서 자라는 오르칼(Horcal) 양파는 부르고스 데 모르시야의 주재료로 소화가 잘되게 하는 역할을 한다. 오르칼 품종은 부르고스에서만 나는 지역 식자재다. 가격도 다른 양파에 비해 비싸며 사계절 생산되는 게 아닌 가을부터 초겨울에 걸쳐 수확한다.

모르시야 데 부르고스에는 봄바쌀 혹은 하포니카(Japónica) 품종 쌀로 속을 채운다. 카스티야 이 레온은 쌀농사가 적합하지 않은 지역으로 쌀은 발렌시아에서 온다. 14세기부터 18세기 이전까지 발렌시아의 쌀농사가 금지됐기에 18세기부터 부르고스 데 모르시야에 쌀을 넣기 시작했다.

부르고스의 모르시야 협회는 원산지 보호를 위해 20년 전에 만들어졌다. 지리적 표시 보호 IGP 마크를 획득하기 위해 박사 연구 논문을 비롯해 역사적 연구와 제품 차별화를 보증하는 7천 개 이상의 자료를 수집했고 500장에 걸친 내용을 토대로 모르시야 데 부르고스는 2018년에 IGP를 받았다.

모르시야 데 부르고스는 오르칼 양파와 봄바쌀 이외에도 라드(돼지기름), 양이나 소 혹은 돼지 선지, 흑후추, 계피, 쿠민, 정향, 오레가노, 마늘, 파슬리, 아니스, 소금 등이 들어간다. IGP 표기를 한 모르시야 데 부르고스 상품에는 양파 35%, 쌀 15~30%, 선지 12% 이상, 지방 10~ 22%를

함유한다.

모르시아를 만드는 방법은 다음과 같다. 먼저 다진 양파와 라드를 볶아 스페인 요리의 기본인 소프리토(Sofrito)를 만들고 재료를 모두 섞어 반죽한다. 속을 채운 모르시야는 끈으로 묶어 자르고 90°C 이상의 온도에서 조리한 후 차갑게 건조되면 보존실에 들어간다.

카스티야 이 레온에서도 부르고스 이외에 도시별로 모르시야를 만드는 방식이 다르다. 레온에서는 쌀 대신 양파만 넣는 모르시야 데 레온(Morcilla de León), 소리아(Soria)에는 계피를 넣어 단맛을 강조한 모르시야 둘세 데 소리아(Morcilla dulce de Soria)가 있다.

카스티야 이 레온에서 가까운 북쪽 아스투리아스에서는 양파와 피멘톤을 넣은 모르시야를 참나무에 훈제한다. 이를 모르시야 아스투리아나 혹은 모르시에야(Morciella)라고도 하는데 이는 파바다(Fabada) 콩 스튜에 필수 재료다. 이외에도 갈리시아와 안달루시아 등 지역별로 수많은 모르시야가 존재한다.

모르시야는 단순하고도 깊다. 입안에서 부드럽게 바스러지는 모르시야에는 기원전의, 오랜 세월을 견디어 온 스페인의 맛을 전한다.

Zona centro de España

7

달콤한 위로, 토리하스

Torrijas

스페인 중부

때론 힘들 때 달콤한 디저트가 위안을 준다. 체력적으로 버거울 때도 극한의 단맛을 지닌 고열량 음식은 에너지를 보충해 준다. 수 세기 동안 엄격한 가톨릭 국가였던 스페인은 음식에도 종교적 전례가 반영돼 있다. 부활절 전주 일요일부터 부활절 전날 성 토요일까지 기간인 성주간(세마나 산타 Semana Santa)에는 가톨릭에서 의미 있는 전례 시기로 금식과 금육이 따른다. 오늘날에는 부활절 전 금식과 같은 음식에 관한 종교적 규율이 예전만큼 지켜지지 않으나 음식 전통만큼은 그대로 남아 있다.

스페인 마드리드와 남부 지역에서 성주간에 먹는 음식인 토리하스(Torrijas, 토리하 Torrija의 복수)는 진한 단맛에 중독성이 느껴지는 고열량 디저트다.

토리하스는 프렌치토스트 팽 페르두(Pain perdu)와 비슷한데, 설탕과 시나몬을 넣은 달콤한 우유에 딱딱하게 굳은 빵을 넣어 적신 다음 달걀물에 듬뿍 담근 후 기름에 튀기고 와인(코냑)을 넣어 만든 시럽 알미바르(almíbar)를 얹어 차갑게 먹는 디저트다.

1600년대 스페인에서는 출산과 산후 회복에 도움을 주려는 음식으로 산모에게 토리하스를 제공했다. 부활절 전 사순 시기 동안 음식을 절제하는 만큼 체력적으로나 심적으로 이를 보상하고자 열량 높은 달달한 디저트 토리하스를 먹는다. 우유 대신에 포도주에 빵을 적셔 만드는 토리하스는 그리스도의 살과 피를 상징하기도 한다.

토리하스는 경제적 어려움이 있던 시절, 궁핍한 살림에 요긴하게 먹던 음식이다. 이틀 혹은 사흘 전에 먹었던 굳어버린 딱딱한 빵을 다시 활용하는 조리법으로 가난한 이들이 힘을 얻던 열량 높은 음식이다. 20세기에 들어서 토리하스는 종교적인 결합보다 마드리드 선술집에서 와인 한 잔과 제공되는 메뉴로 변화했다.

스페인 마드리드에 사는 친구 마르타네 집에서 맛보았던 토리하스는 추억의 맛이다. 토리하스는 친구의 할머니를 떠올리게 하는 맛있는 디저트다. 마르타의 할머니는 일 년에 딱 한 번 성주간에만 토리하스를 만든다. 이날만큼은 열량 걱정하지 않고 마음껏 토리하스를 맛본다. 코로나 블루도 잊게 하는 스페인의 맛 토리하스. 스페인 할머니 비법이 담긴 토리하스 레시피를 소개한다.

8 Recipe

토리하스
Torrijas

재료(4인분)

코냑 50ml, 물 50ml, 꿀 50ml, 설탕 50ml, 시나몬 스틱 1개, 오렌지 1개 껍질, 빵 6조각(다소 굳은 단단한 빵), 우유 250ml, 달걀 2개, 시나몬 가루 1t, 올리브 오일

만드는 방법

1. 우유에 시나몬 가루와 설탕 1t를 넣고 잘 저어준다.
2. 달걀 2개 흰자와 노른자를 잘 저어준다.
3. 오렌지 껍질을 벗겨 둔다.
4. 냄비에 물, 코냑, 설탕, 꿀, 오렌지 껍질, 시나몬 스틱을 넣고 20분 동안 중불에 끓인다.
5. 팬 위에 올리브 오일을 넉넉히 두르고 불을 올린다.

6. 빵을 우유(설탕과 시나몬 가루를 넣은)에 담갔다가 달걀물을 입힌 후 올리브 오일에 튀긴다.

7. 끓였던 시럽을 체에 거른 후 튀긴 빵 위에 얹는다.

8. 시럽이 빵에 충분히 흡수하도록 20~25분 기다린다.

9. 냉장고에 두었다가 차갑게 해서 먹는다. 하루 전에 만들었다 먹으면 더 맛있다.

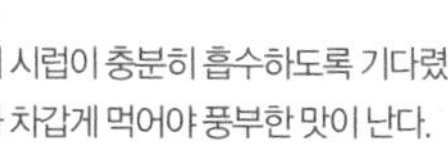

Tip.

빵에 시럽이 충분히 흡수하도록 기다렸다가 차갑게 먹어야 풍부한 맛이 난다.

스페인 남부

Sur de España

스페인 올리브 오일의 75%를 생산하는 안달루시아는
하몬 생산지로도 유명하며
이슬람 무어인의 역사가 진하게 남아 있는 곳이다.
타들어갈 듯 강한 태양 아래에서 일하던
가난한 농부들이 버틸 수 있던 것은
빵이 들어간 차가운 수프 덕분이었다.

안달루시아(Andalucía)
무르시아(Murcia)

1

마시는 샐러드,
가스파초 안달루스

Gazpacho andaluz

"가스파초요!"

때는 여름밤. 장시간 비행으로 시차 적응은 안 되었고 허기진 상태에 갈증이 나서 속이 뻥 뚫리는 걸 먹어야겠다 싶었다. 무작정 타파스 바에 들어가 가스파초(Gazpacho)부터 주문했다. 냉면 그릇 크기에 수프가 가득 담겨 나왔다. 새콤한 냉국 같은 가스파초 안달루스(Gazpacho andaluz)는 마시는 샐러드라고 할까. 스푼으로 떠서 먹다 보니 어느새 속이 든든했고 갈증은 해소됐다.

스페인 속담에 '가스파초를 먹으면 소화불량이 나지 않는다(Del gazpacho no hay empacho)'는 말이 있다. 차가운 수프 가스파초 안달루스는 뜨거운 여름에 원기 회복으로 영양 간식으로 널리 먹는 스페인 음식 중 하나다.

로마 시대 초기 히스페니아(현재의 스페인 포르투갈)에 도착했던 로마 군인과 양치기가 즐겨 마셨던 그리스 로마 음료 포스카(Posca)는 단단해진 빵과 마늘, 식초와 기름, 물을 넣어 만들었는데, 이를 가스파초의 오리지널 버전으로 추측한다. 혹은 8세기 알안달루스 시대에 빵, 마늘, 올리브 오일, 식초, 소금과 물로 만들었던 차가운 수프를 가스파초의 시작으로 본다.

가스파초는 모사라빅(Mozarabic, 스페인에서 무어인 지배하에 라틴어로 말하던 사람의 방언)어 카스파(Caspa)에서 왔는데 이는 나머지 혹은 파편이라는 뜻이다. 가스파초에 관한 책 『브레비아리오 델 가스파초(Breviario del gazpacho)』를 저술한 호세 브리스(José Briz)는 '조각으로 나누다'는 의미를 지닌 히브리어 '가사스(Gazaz)'에서 가스파초가 유래했다고 한다.

가스파초는 농장에서 일하던 농부들이 만든 요리로 세비야에서 처음 만들어졌다. 초기에는 나무로 된 커다란 절구 도르니요(Dornillo)에 짓이겨 저어가며 만들었지만 믹서로 갈면 간편하다. 전통적인 가스파초는 오늘날과 만드는 방법이 다른데 며칠 전에 구웠던 건조한 빵을 물에 적셔 짜고 올리브 오일과 소금, 식초와 마늘을 넣어 만들었다. 가스파초는 모든 것을 태워버릴 듯한 날씨에 배고픔과 갈증을 채워주는, 염분과 비타민을 공급하는 음식이다.

가스파초에는 잘 익은 토마토와 파프리카가 들어가는 게 특징이지만 이는 16세기 라틴아메리카에서 토마토와 파프리카를 가져온 이후다. 19세기 무렵 포도원, 올리브 농장, 채소밭에서 하루 종일 땡볕에서 일하던 소작농이 가스파초에 토마토와 채소를 넣기 시작했다.

레온 출신 작가 후안 데 라 마타(Juan de la Mata)의 책 『아르테 데 레포스테리아(Arte de repostería)』만 보더라도 가스파초는 물에 적신 빵 덩어리에 멸치, 마늘, 식초, 설탕, 소금과 올리브 오일을 넣어 만든 소스로, 과일과 채소로 구성한 로열 샐러드에 이를 추가한다고 했다.

18세기 스페인 왕립 한림원(Real Academia Española)은 가스파초의 첫 번째 사전적 의미로 '빵이나 기름, 식초, 마늘 등의 재료가 각자의 취향에 맞게 끊임없이 만들어지는 수프나 스튜다. 가스파초는 농작물을 수확하는 사람과 소박한 사람을 위한 정기적인 음식'이라고 설명했다.

19세기부터 부르주아 층에서도 가스파초는 인기였다. 가스파초 위에는 채소 조각이나 빵조각을 장식으로 얹었다. 그라나다 출신이자 나폴레옹 3세의 아내 에우헤니아 데 몬티호는 프랑스에 가스파초 조리법을 가져갔다. 그는 1850년경 프랑스에서 가스파초를 유행하게 만들었다는 평가를 받는다. 이후 가스파초는 전 세계적으로 인기를 얻게 됐다. 19세기 후반의 요리책에서 토마토와 오이를 넣은 새로운 형태의 가스파초가 등장한다. 1930년만 하더라도 가스파초는 스페인 북부에 잘 알려지지 않은 음식이었다. 요즘은 스페인 어디서든 슈퍼에서 종이팩에 담긴 가스파초를 살 수 있다.

소설 속에 수많은 음식이 등장하는 『돈키호테』는 미식의 책으로도 간주된다. 여기에서 등장하는 갈리아노스(Galianos)는 오늘날의 가스파초 만체고(Gazpacho manchego), 토르타 데 가스파초(Torta de Gazpacho)와 같은 요리다. 돈키호테에서 말한 가스파초는 가스파체라(Gazpachera)라고 하는 팬 위에 사냥한 비둘기와 토끼고기, 마늘, 양파, 빵, 향신료로 만든 뜨끈한 스튜다.

가스파초는 심플하다. 상큼하며 영양도 좋은 가스파초는 다양한 버전이 존재한다. 안달루시아에서는 가스파초에 주로 청피망을 넣는다. 단맛이 좀 더 나는 빨강 피망을 좋아하면 빨강 피망을 넣는다. 기호에 따라 가스파초에 체리나 멜론을 넣어 먹기도 한다. 상태가 좋지 않은 올리브 오일로는 신선한 가스파초를 만들 수 없다. 여기에 가스파초의 중요한 재료 중 하나는 셰리 식초다.

가스파초를 만들 때 일단 넉넉히 만든다. 보통 하루 종일 먹을 수 있게 커다란 병에 담는다. 안달루시아에서는 가스파초를 페트병에 가득 담아 냉장고에 넣어두기도 한다. 가스파초는 냉장고에서 몇 시간 혹은 하루 동안 숙성해 맛을 더 강화하는 데 비법이 있다. 가스파초를 하루 전에 미리 만들어둘 경우 마늘 맛이 점점 강해진다. 강한 마늘향이 부담스럽다면 마늘 양을 반으로 줄여 만든다. 좀 더 차갑게 먹기 위해 가스파초에 얼음조각을 띄우기도 한다. 축 처진 여름날 기운을 북돋아주는 가스파초는 스무디처럼 시원하고 빵이 들어가 은근히 든든하다.

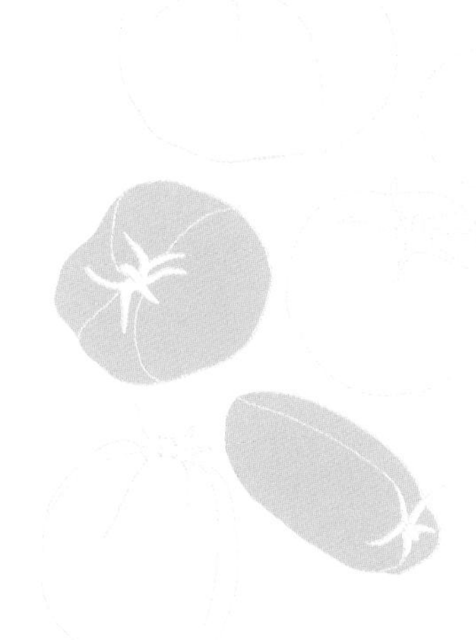

8 Recipe

가스파초 안달루스

Gazpacho andaluz

재료(4~6인분)

슬라이스한 빵 2~3개(60g), 잘 익은 토마토 500g, 껍질과 씨를 제거한 오이 100g, 씨를 제거하고 다진 초록색 파프리카 1/2개, 마늘 3~4쪽, 엑스트라 버진 올리브 오일 80ml, 식초(셰리 식초) 2~3T, 소금 약간

장식

빵조각, 다진 토마토, 다진 파프리카 약간, 다진 양파, 하몬 세라노 약간

만드는 방법

1. 빵 껍질을 자른다. 마른 빵이 아닐 경우 그릴에서 약한 불로 구워 수분을 날린다.
2. 토마토는 4등분으로 자르고 이때 가운데 심을 제거한다.
3. 재료를 한꺼번에 넣고 믹서에 간다. 묽은 가스파초를 원하면 물을 조절해가며 넣는다.

4. (껍질 없는 고운 맛을 원할 경우) 믹서에 간 걸 체에 거른다.

5. 냉장고에 적어도 한 시간 전에 넣어두거나 하루 전날 만들어둔다.

6. 그릇에 담고 장식을 올린다.

2

간편한 아침 식사, 살모레호 코르도베스

Salmorejo Cordobés

살모레호는 가스파초의 변형이다. 가스파초보다 빵을 좀 더 넣어 밀도가 높고 크리미한 살모레호 수프는 안달루시아 코르도바(Córdoba)의 특별식이다. 빵을 주재료로 하는 수프는 살모레호의 뿌리로 고대 이베리아뿐만 아니라 메소포타미아 지역에서도 존재했다고 한다.

플라멩코 페스티벌에서는 살모레호를 제공하며, 코르도바의 모든 바와 선술집에서 살모레호를 맛볼 수 있다. 살모레호는 삶은 달걀과 하몬 세라노를 다져 장식으로 올린다. 어떤 조리법은 토마토만큼 빵을 넣기도 한다. 코르도바 남쪽에는 참치를 장식으로 곁들인다. 수프를 만들 때 토마토 껍질을 벗기느냐, 아니면 껍질째 그대로 요리하느냐는 개인의 취향에 달렸다.

살모레호는 20세기 초 무렵부터 만든 요리다. 오이, 양파, 파프리카가 들어간 주스처럼 묽은 가스파초보다 살모레호는 끈기가 있다. 가스파초와 마찬가지로 살모레호는 나무절구 도르니요(Dornillo)에서 만드는 게 전통 방식이지만 믹서로 간편하게 만들 수 있다. 살모레호를 만들 때 삶은 달걀을 듬뿍 다져 넣는 게 나만의 방식이다. 살모레호는 아이들 간식으로, 간편한 아침 식사로도 그만이다.

Sur de España

3

시원한 아몬드 마늘 수프, 아호블랑코

Ajoblanco

스페인 남부

무더운 여름 차가운 수프는 별미다. 콩국처럼 새하얀 수프, 아호블랑코(Ajoblanco)는 아몬드와 마늘이 들어가는 수프로 스페인 안달루시아와 에스트레마두라에서 매우 대중적인 요리다. 아호는 마늘을, 블랑코는 하얀색을 뜻한다.

이 수프의 기원은 확실치 않지만 고대 로마 제국이 히스파니아를 통치했던 당시, 스페인 남부지역 바에티카(Baetica, 안달루시아와 에스트레마두라 남부)에서 아몬드가 들어간 수프를 먹었다는 얘기가 있다.

로마인은 안달루시아인에게 밀과 포도나무 재배법을 알렸고, 아랍인은 안달루시아인에게 과일과 채소 재배법을 전수했다. 안달루시아인은 관개 시설을 이용해 올리브나무를 재배했고 올리브로 기름을 짰다.

무슬림이 스페인을 지배했던 8세기, 안달루시아 지역에서 아몬드가 대규모로 생산됐다. 이때 절구를 이용해 만든 아호블랑코와 비슷한 수프가 존재했다. 안달루시아라는 지명은 아랍어 알안달루스(Al andalus)에서 왔다.

물과 기름이 섞인 에멀전 상태의 수프인 아호블랑코는 스페인의 미식 견과류인 마르코나 아몬드가 들어간다. 텍스처가 마카다미아 너트에 가깝고 미국 캘리포니아 아몬드에 비해 둥글고 통통하다. 아몬드가 많이 생산되는 미국에서도 지중해 지역 나라에서 대중적인 마르코나 아몬드를 구르메 숍 혹은 대형 마트에서 판매한다.

아호블랑코에서 가장 중요한 재료는 단연 품질 좋은 아몬드(마르코나)다. 여기에 질 좋은 올리브 오일과 단단한 빵이 들어간다. 특히나 산도가 약한 식초를 추천한다. 산도가 강하면 수프에 식초 맛이 너무 강해지기 때문이다.

수프에 물 대신에 아몬드 밀크를 첨가하면 더욱 진한 아몬드 풍미를 느낄 수 있다. 새하얀 수프 위에 전통적으로 모스카텔(Moscatel, 무스카트) 청포도나 다진 하몬을 장식해 먹는다. 요즘에는 멜론이나 참치, 사과나 연어 알 등을 곁들여 먹기도 한다.

아호블랑코만큼이나 새하얀 집이 인상적인 알마차르 풍경

안달루시아 자치 지방 말라가 주에 있는 알마차르 자치시에서는 매년 9월 첫 번째 토요일에 아호블랑코 축제를 연다. 이 지역 원주민은 '알마차레노스(Almacharenos)'라고 하며, '마차르(Machar)'는 아랍어로 초원을 의미한다.

알마차르는 인구 2천여 명의 작은 마을로 축제가 열리는 하루 동안 3천 5백 리터가 넘는 양의 아호블랑코를 준비한다. 여기에 모스카텔 포도와 지역에서 생산하는 와인과 건포도를 맛보며 축제를 즐긴다. 알마차르는 모스카텔 포도 생산지역이다.

축제에는 농촌 도구와 도예품, 도자기 등을 전시하며 거리는 야외 박물관으로 변신한다. 새벽까지 마을을 비추는 모닥불은 축제 열기를 더한다. 아호블랑코 축제는 지역 축제이자 안달루시아 미식 축제로 국제적으로 명성을 높여가고 있다. 매년 1만 명이 넘는 사람이 아호블랑코 축제를 즐기고자 알마차르를 방문한다.

실크 같은 질감에 고소한 아몬드 풍미와 은은한 마늘 향에 시원한 아호블랑코는 여름에 제격이다.

아호블랑코
Ajoblanco

재료(4인분)

껍질을 깐 아몬드 250g, 마늘 2쪽, 단단한 빵 150g, 물 700ml, 아몬드 밀크 100ml(선택사항), 엑스트라 버진 올리브 오일 100ml, 식초(셰리 식초) 30ml, 청포도 혹은 멜론(장식용), 다진 하몬 이베리코 약간(장식용)

만드는 방법

1. 차가운 물을 준비한다. 아몬드 밀크를 사용할 경우 마찬가지로 차갑게 준비한다.
2. 딱딱한 빵을 물에 담그고 빵이 부드러워지면 빵 껍질을 제거하고 물을 빼고 잠시 둔다.
3. 마늘 가운데의 초록색 줄기 심지를 제거한다.
4. 핸드 블렌더로 마늘과 빵을 간다. 여기에 아몬드와 소금을 추가하고 곱게 갈아준다.
5. 단단한 페이스트 형태가 되면 식초를 첨가하고 물을 붓는다(아몬드 밀크가 있다면 이때 같이 넣어준다).
6. 올리브 오일을 조금씩 첨가하면서 핸드 블렌더를 가동한다.

7. 묽은 타입의 수프이므로 필요하면 물을 좀 더 추가하고 소금을 더 넣는다.

8. 차가운 아호블랑코 수프를 냉장고에 서너 시간 둔다. 냉장고에 넣어두면 수프를 차갑게 할 뿐 아니라 식초와 마늘향이 보다 풍부해진다.

9. 기호에 따라 청포도나 멜론, 다진 하몬 이베리코로 장식한다.

4

카디스 대표 요리, 잔새우 튀김

Tortillitas de Camarones

잔새우는 젓갈로만 담그는 줄 알았는데, 안달루시아 카디스(Cádiz)에서는 잔새우로 튀김요리를 만든다. 어떤 건 두께가 종잇장처럼 얇다. 인구 1만이 안 되는 작은 바닷가 마을 산 페르난도. 이곳에서 잔새우 튀김 토르티이타스 데 카마로네스(Tortillitas de Camarones)가 유래했다. 이 마을 근처 카디스 만에서 잡은 잔새우가 그 주인공이다. 카마로네스는 잔새우를 토르티이타스는 작은 토르티야를 의미한다.

카디스 바다에는 새우가 많다. 새우 종류도 다양하다. 카디스 해안 근처 거리 이름이 새우 거리(카예 랑고스티노, Calle Langostino)인 곳도 있다.

작가 마누엘 루이스 토레스는 토르티이타스 데 카마로네스를 알리는 데 앞장선다. 2017년에 그는 『역사적인 카디스 요리(Cocina Histórica Gaditana)』를 썼다. 이후 스페인에서 그는 일본, 말레이시아, 인도네시아와 필리핀에서도 잔새우 튀김요리가 존재한다고 발표했다. 한국은 잔새우로 전을 부치는데 그가 한국을 조사 대상에 넣지 않은 게 아쉽다.

작가 토레스는 말한다. 13세기 무렵 이탈리아에서 카디스로 이주한 이탈리아인이 만든 토르타 디 세시(Torta di ceci, 병아리콩 파이)에서 잔새우 튀김으로 변형됐을 수도 있다고 한다.

20세기 초만 하더라도 잔새우 튀김은 병아리콩 가루로 만들었다. 요즘은 튀김을 얇고 가볍게 만들기 위해서 밀가루로 만든다. 작가 토레스는 토르티이타스 데 카마로네스가 16~17세기 문서에도 등장한다고 설명한다. 그는 강조한다. "카디스의 대표 요리는 토르티이타스 데 카마로네스입니다."

토르티이타스 데 카마로네스는 셰리 와인과 잘 어울린다. 드라이한 피노나 만사니야랑 먹으면 느끼함을 잡아준다.

안달루시아에서 알려진 타파스 식당 카사 발비노는 잔새우 튀김이 유명하다. 카디스에 있는 식당 엘 파로 데 엘 푸에르토의 페르난도 코르도바 셰프는 잔새우 튀김을 아주 얇게 만든다.

튀김의 기름 온도는 중요하다. 일단 뜨거워야 한다. 집에서 말린 잔새우로 토르티이타스 데 카마로네스를 만들어봤다. 얇은 튀김을 만들기 위해선 연습이 필요하다.

5

분위기 메이커, 상그리아

Sangría

시작은 가벼웠다. 한 모금 두 모금 새콤달콤 은은한 과실향에 술술 넘어가더니 어느새 취기가 올랐다.

싱그러운 봄날에도 뜨거운 여름에도 상그리아를 마신다. 추운 겨울 크리스마스에도 상그리아는 분위기 메이커다. 상그리아만으로 축제 분위기가 만들어진다. 상그리아는 사계절 음료다.

상그리아는 레드 와인에 껍질을 포함한 신선한 과일과 주스, 브랜디, 취향에 따른 탄산수나 향신료를 가미해 만든 음료다. 와인에 과일향이 나도록 마시기 하루 전에 냉장고에 숙성했다가 얼음을 넣어 차갑게 마시면 좋다. 소주에 과일을 넣어 만드는 담금주 비법이 모두 다르듯 상그리아 레시피도 수천 가지다.

유럽에서 와인에 설탕과 향신료를 넣어 마시던 관습은 꽤나 역사가 깊다. 고대 로마 제국으로 거슬러 올라간다. 이때 물 대신 와인을 마시는 게 일반적이었다. 오염된 물보다 알코올 성분으로 세균을 죽이는 와인이 더 안전했기 때문이다. 그들은 와인에 색다른 맛을 주는, 미각을 충족시키는 기쁨을 위해 향신료를 넣었다. 이를 그로그(Grog) 혹은 히포크라스(Hippocras, 프랑스에서는 Hypocras)라 했다. 와인과 와인펀치(과일즙에 설탕 알코올을 섞은 음료)는 일상 음료였다. 아이들부터 어른들까지 모두 마셨다. 이러한 관습은 유럽 전역에 퍼졌고 이베리아 반도에서는 혈액처

럼 빨간 빛깔에 기인해 상그리아라고 불렀다. 상그리아는 스페인어 의학용어로 피를 뽑는다는 뜻의 '사혈'을 의미한다. 스페인 국기의 빨간색이 나라를 지키기 위해 흘렸던 선조들의 피를 상징하는 만큼 빨강은 정열과 열정을 상징한다.

BC 1100년경, 페니키아인이 이베리아 반도에 포도나무를 심었고 이후 로마인이 와인을 만들기 위한 포도나무를 심었다. 하지만 8세기부터 스페인에서 와인은 자취를 감출 수밖에 없었다. 711년 이슬람 무어족이 이베리아 반도를 정복했기 때문이다. 무어인 통치가 끝나기 전 1492년까지 긴 세월 동안 스페인에서 와인과 상그리아를 마실 수 없었다.

상그리아의 기원은 다양하다. 중세 스페인 안달루시아 지역에서 레드 와인에 자른 과일을 넣는 방법이 처음으로 만들어졌다는 이야기가 있다. 안달루시아 지역은 포도가 자라기에 좋은 환경은 아니지만 오렌지 같은 시트러스류는 잘 자라는 기후다. 품질이 떨어지는 와인에 지역에서 생산한 신선한 과일을 넣고 며칠 두었더니 와인 맛이 더욱 좋아졌다는 것을 알게 됐다. 여기에 향신료, 설탕, 브랜디와 시나몬스틱을 넣고 나니 좀 더 매력적인 맛과 향이 느껴졌다.

상그리아와도 비슷한 이름인 영국 주류 '상가리(Sangaree)'에서 상그리아가 왔다는 설은 하나의 기록이 뒷받침해준다. 스페인 가톨릭 신부였던 에스테반 토레스는 1788년 그의 카스티야어 사전에 "술을 많이 마시던 영국인이 발명한 '상가리'는 와인에 물을 타고 설탕 향료를 가미한 음료로 영국과 프랑스 식민지였던 아메리카(앤틸레스 제도)에서 많이 마신다"라고 언급했다. 스페인 식민지였던 아메리카 대륙에서는 이를 '리모나다 델 비노(Limonada del vino, 와인 레몬에이드)'라 불렀다. 1850년 이후 스페인에서 상그리아를 널리 마시면서 상그리아라는 관용적 기원을 되찾았다.

17세기 영국에서는 포도로 만든 와인에 설탕과 향신료 시나몬을 넣은 음료가 의사의 처방으로 내려졌다. 18~19세기 프랑스와 영국에서 프랑스 포도로 상그리아 타입의 음료를 만들기 시작했다. 화이트 와인으로 만든 상그리아와 스파클링 상그리아 그리고 수라(Zurra)라고 불리는 복숭아를 넣은 상그리아도 있었다. 상그리아는 유럽 전역 연회에서도 선보였다. 영국 작가 제인 오스틴의 작품 『오만과 편견』에도 레드와인에 브랜디, 탄산수, 레몬, 설탕을 섞어 차게 마시는 클라렛 컵(Claret cup)을 즐기는 장면이 나온다. 베넷 부인은 딸 리디아의 결혼식에서 클라렛 컵 펀치를 준비했다.

미국의 상그리아 열풍은 1964년 뉴욕세계박람회 이후다. 당시 스페인관에서 방문객에게 상그리아를 제공하면서 상그리아는 미국인이 사랑하는 음료가 됐다.

2014년 유럽의회에서는 상그리아라는 단어를 스페인과 포르투갈에서 독점적으로 사용하도록 승인했다. 어떤 나라도 상그리아의 제조법을 계속해서 만들 수 있지만 스페인이나 포르투갈에서 생산된 경우에만 상그리아라는 용어로 음료를 명명할 수 있다. 상그리아에는 볼륨당 12% 이하 알코올을 함유해야 한다.

병으로 마시는 상그리아도 있다. 스페인 대표 맥주 에스트레야담(Estrella Damm)을 생산하는 담에서 2016년 상그리아 수레오(Sureo)를 출시했다. 담의 상품 개발 담당자는 미국 뉴욕 레스토랑 매출에서 상그리아가 상당 비중을 차지한다는 것에 힌트를 얻어 완제품 형태인 상그리아를 만들었다. 병에 담긴 상그리아는 맛이 일관적이다. 매장에서나 집에서 만드는 상그리아는 대개 일주일 안에 소비해야 하는 데 비해 병에 들어 있는 상그리아 수레오는 유통기한이 일 년이다.

상그리아 수레오에는 5.4% 알코올 함량에 330ml 크기다. 스페인 현지에서는 생맥주 형태로 즉석에서 잔에 따르는 30L의 케그도 있었다. 수레오에는 레드와인에 탄산수와 설탕, 레몬주스 농축액, 오렌지 주스 농축액, 감귤과 계피 추출물이 들어 있다.

수채화 붓 터치에 한 폭의 그림 같은 원형 그림 디자인은 마시는 내내 보는 즐거움도 더했다. 가장 맛있는 온도는 4~6℃이며 새콤달콤 베이스에 향긋한 풍미가 나며 탄산으로 인한 청량감이 느껴졌다. 2022년 수레오는 아쉽게도 단종된 상태다.

상그리아 로레아(Lolea)는 스페인에서 주말마다 파에야와 상그리아를 먹던 친구 넷이서 글로벌 브랜드로 만든 사례다. 각기 다른 분야에서 일하던 그들은 일에서 새로운 전환점이 필요하다고 생각했다. 매우 스페인스러운 상품을 원하던 중 스페인 사라고사에서 로레아를 만났고 매력적인 이름과 포장에서부터 그들의 사업적 성공을 예감했다. 사업 아이디어가 떠올랐던 이들은 와인 전문가나 와인메이커가 아니었다. 미식과 환대산업에서 일하던 발다스, 마케팅 커뮤니케이션 분야의 하비에르 아마테와 니에베스 아마뇨스, 회사에서 경영전략팀에서 일하던 체레스 알카라는 팀을 이뤄 2013년부터 브랜드 로레아를 성장시켰다.

로레아는 칼라타유드(북동부 아라곤 사라고사주의 자치구)에서 손으로 만든 와인에 과일을 결합한 제품이다. 생산의 80%는 미국과 호주, 네덜란드, 독일, 한국에 수출한다. 로레아 상그리아는 라스베이거스 와인 테이스팅 어워드에서 은메달을 수상했다.

상그리아 수레오

로레아 상그리아 N°1은 청량감이 가득한 레몬, 복숭아, 오렌지향이 코끝을 자극하며 입안에서는 가벼운 탄산과 함께 농익은 과일향이 가득하다. 목 넘김과 함께 느껴지는 약간의 바닐라 터치감과 계피향이 좋다. 스페인 토착 품종 템프라니요(Tempranillo)에 탄산수, 오렌지 주스, 레몬 주스, 설탕, 계피향이 들어갔다. 재료에서 느껴지는 신선함이 매력적이며, 시음 온도는 10℃ 이하를 유지하는 것이 좋다. 750ml에 7% 알코올이 함유됐다.

로레아 로제 N°5는 프랑스 로제 와인을 연상시킨다. 옅은 오렌지 색감에 입안에 넣었을 때 부드럽고 미세한 탄산에 생강향과 열대 히비스커스 꽃향이 은은하게 느껴진다. 로레아 로제는 특히 매운 고기 요리나 브런치 요리와 조화를 이룬다. 스페인 토착 품종인 템프라니요와 가르나차(Garnacha)로 만든 로제 와인에 천연향과 탄산수, 설탕을 넣었다. 시음 온도는 마찬가지로 10℃ 이하를 유지하는 것이 좋다. 750ml에 8% 알코올이 함유됐다.

8 Recipe

상그리아
Sangría

재료(2인분)

레드 와인 500ml, 진 50ml, 트리플 섹(Triple Sec) 20ml, 설탕 2T, 시나몬가루 약간, 오렌지 주스 100ml, 오렌지 1/2개, 레몬 1/2개, 탄산수 100ml

만드는 방법

1. 레드 와인에 설탕과 시나몬가루를 넣고 잘 저어준다
2. 오렌지 주스와 진, 트리블 섹을 추가한다(트리플 섹 대신 브랜디나 럼을 넣어도 좋다).
3. 자른 과일을 넣는다.
4. 최소 두 시간에서 하루 정도 냉장고에 넣어둔다.
5. 마시기 전에 탄산수와 얼음을 넣는다.

Tip.
하루 정도 차갑게 두거나 3~4일 후에 가장 맛있게 즐길 수 있다.

6

다양한 음식과 잘 어울리는 와인, 셰리

Jerez-Xérès-Sherry

스페인 남부

"내게 수천 명의 아들이 있었더라면 첫 번째 인도적 원칙은 약한 술잔을 버리고 셰리(Sherry)에 빠지게 하는 것이다."

셰익스피어 연극 「헨리 4세」에 등장하는 기사 팔스타프는 이렇게 말한다. 궁극으로 셰리와 함께 즐거운 삶을 얻는 것, 그는 셰리 예찬론자다.

안달루시아 서쪽 지역에서는 3천 년간 와인을 만들어 왔다. DO 헤레스(Jerez-Xérès-Sherry)는 스페인에서 가장 역사적인 와인 지역 중 하나다. 셰리 와인 비법은 14세기 무렵부터 발전했다. 1933년 헤레스(Jerez)는 스페인에서 첫 공식 DO로 선정됐다.

셰리는 강화 와인으로 화이트 와인에 알코올 도수를 높여 오래된 오크통에서 숙성 과정을 거치는 와인을 말한다. 이때 솜처럼 새하얀 효모인 플로르(Flor) 막이 생기며 공기와 차단되면서 숙성된다. 이 지역에서만 생기는 오크통의 독특한 효모가 셰리를 완성시킨다.

1587년 영국의 프랜시스 드레이크(Francis Drake)가 스페인 카디스(Cádiz)를 공격했고, 항구에 저장했던 셰리 2900통을 약탈해 이를 영국으로 가져가면서 셰리는 인기를 끌었다. 헤레스(Jerez)는 아랍어에서 온 지명으로 영국인들은 이 발음이 쉽지 않아 셰리라 불렀다. 영국에서 수백 년간 상업적 성공을 거둬온 셰리였기에 헤레스는 셰리

로 불리고 있다. 스페인과 영국에서 인기를 끈 헤레스는 프랑스에서는 'Xérès'로 표기했고 셰리 와인병에는 세 가지 언어 'Jerez-Xérès-Sherry' 마크가 동시에 부착된다. 이와 관련한 또 다른 이유로는 이 와인이 여러 나라에서 복제되었기에 스페인 헤레스에서 시작됐다는 걸 나타내는, 독점 권한을 강조하기 위해서다.

스페인 DO 헤레스 셰리 와인 위원회와 스페인 농업부가 주관한 2018 인터내셔널 셰리 위크 컴피티션에 참가했다. 5회째를 맞이한 컴피티션에서 총 10여 개국 100여 명의 후보자 중에 20명이 본선에 올랐고 한국인으로는 처음으로 선정됐다. 대회는 무작위로 정한 셰리와 어울리는 요리를 페어링 하는 것으로, 본선 진출자 각 나라의 제철 재료를 이용해야 했다. 여러 종류의 셰리 중에 피노 티오 페페가 내 앞에 주어졌다.

주최 측에서는 전형적인 페어링이 아니라 흥미진진한 맛의 조화를 이끌어 내는 걸 기대했다. 셰리가 단지 식전주와 디저트 와인이 아닌, 치즈부터 해산물까지 다양한 재료로 훌륭한 어울림을 만들어야 했다.

2017년 컴피티션에서 셰리와 이색적인 페어링으로는 드라이한 셰리 올로로소(Oloroso, 피노보다 높은 알코올 도수 17%로 올려 플로르 막의 발생을 방지하고 와인을 산소에 노출시키면서 숙성)와 양고기를 다진 요리, 베이징덕과 아몬티야도(Amontillado, 드라이한 셰리로 플로르 막을 구성하는 효모층 아래에서 숙성되다 플로르 막이 사라지며 산화되며 숙성), 상하이 털게와 아몬티야도를 꼽았다.

팔로미노(Palomino) 품종으로 만드는 셰리 피노는 미뢰를 자극하는 탁월한 능력을 가지고 있다. 이 때문에 음식을 잘 즐기는 미각을 준비하는 데 이상적인 식전주다. 짭짤한 요리의 맛을 강화해서 모든 종류의 타파스와 마시기 좋다. 피노는 특히 올리브와 너트, 하몬, 소금기 가득한 안초비 혹은 생선회와 어울린다. 낮은 산도로 차가운 수프 아호블랑코나 가스파초 혹은 뚜렷한 산미가 돋보이는 샐러드나 마리네이드한 요리와도 조화를 이룬다. 좋은 플로르가 특별한 피노를 만든다. 효모층이 지속적으로 와인의 산화를 막아주며 셰리 특유의 전형적인 아로마와 약간 쓴 아몬드향이 더해진다.

페드로 히메네스(Pedro Ximénez) 품종으로 만든 셰리 '페드로 히메네스'는 달콤한 맛에 어두운 마호가니 색상을 띠며 알코올 도수는 최소 17%이다. 페드로 히메네스 포도로 만든 달콤한 와인을 올로로소에 추가할 때 만들어지는 셰리 '크림(Cream)'은 밝은 마호가니 색상에 아로마틱하다.

피노, 티오 페페

헤레스에서 생산하는 곤살레스 바이아스(Gonzalez Byass)의 티오 페페는 스테인리스 스틸에서 발효 후 알코올 함량을 15.5%로 높여 오크통에서 솔레라&크리아데라스(Solera & Criaderas) 시스템*에 의해 4년 이상 숙성한다. 투명하고 밝은 황금빛에 누룩향 같은 신선함과 더불어 크리스피한 느낌이 뛰어나다. 목 넘김이 깔끔하며 살며시 느껴지는 소금 맛이 청량감을 더욱 증가시킨다. 전통적으로 넓은 화이트 와인 잔에 온도는 6~8℃로 차갑게 마신다.

티오 페페는 삼촌 페페라는 뜻으로 이 브랜드를 만든 마누엘 마리아 곤살레스(Manuel Maria Gonzalez) 삼촌의 애칭이다. 마누엘은 23세에 그의 멘토이자 셰리 생산에 유명한 권위자였던 삼촌 호세 앙헬 이 바르가스(José Ángel y Vargas)가 만든 섬세하고 드라이한 셰리를 런던 에이전트 로버트 바이아스(Robert Byass)에게 보냈다. 처음에 회의적이었던 로버트 바이아스의 생각과는 달리 호세 앙헬이 만든 셰리는 대성공을 거뒀으며, 1849년 마누엘은 이 셰리에 그의 삼촌 이름 페페를 붙였다. 런던에서의 성공으로 마누엘과 런던 에이전트의 성을 따서 곤살레스 바이아스가 만들어졌다.

*** 솔레라&크리아데라스(Solera & Criaderas) 시스템이란?**

셰리를 만드는 저장고에는 오크통이 여러 층으로 쌓아 올려 있다. 여기엔 이유가 있다. 셰리를 만드는 전통적인 방법 솔레라&크리아데라스(Solera & Criaderas) 시스템이 이뤄지기 때문이다. 바닥면을 솔레라(Solera)라고 하며 그 위층을 크리아데라스라(Criaderas)고 한다. 솔레라의 오크통에서 병입하는 것을 사카(Saca)라고 하는데 이때 오크통에서 볼륨당 1/3이 안 넘게 병입하고, 솔레라의 오크통에서 빠져나간 만큼 솔레라에 크리아데라 층의 와인을 옮겨 담는다. 마찬가지로 크리아데라 1층에는 솔레라로 빠져나간 양만큼 그 위 크리아데라 오크통에서 채운다. 오래된 와인과 보다 젊은 와인이 섞여지는 과정을 솔레라&크리아데라스라고 한다. 이러한 독특한 숙성 시스템이 셰리 맛의 비법 중 하나다.

1593년 스페인 예수회 신부 그레고리오 데 세스페데스(Gregorio de Céspedes)는 유럽에서 첫 번째로 한국을 방문한 사람이다.

셰리 대회에서는 그가 피노와 함께 한국식 타파스를 먹었다면 어땠을까 상상했다. 피노는 모든 종류의 타파스와 잘 어울린다. 특히나 기름진 튀김이나 전과 견과류도 좋은 결합이다. 한국에서는 쌀을 주식으로 하며 가을에 햅쌀이 나온다. 땅속 고구마와 쌀로 전을 만들고 진흙 속 보물 연근과 바다에서 사는 칠게로 튀김 요리를 했다. 칠게는 매콤 달콤한 홍시 소스를 입었다. 한국식 타파스는 드라이한 피노와 환상의 궁합이다.

7

구미를 당기는 그윽한 맛, 모하마

Mojama

"말린 참치 모하마(Mojama) 어때?"

발렌시아에 사는 요리사 하비에르가 친구들을 집으로 초대했다. 마당에서 커다란 파에야를 만드는 동안 그는 속살이 투명하게 보일 정도로 모하마를 얇게 썰었다. 올리브 오일에 1시간 동안 마리네이드하여 촉촉하게 만들어둔 모하마였다. 넓적하게 자른 토마토를 접시에 깔고 그 위에 모하마를 올렸다. 여기에 오븐에서 살짝 구운 아몬드와 올리브를 같이 내었다. 꾸덕꾸덕하게 말린 참치는 쫀쫀하고 부드러웠다. 구미를 당기는 그윽한 맛, 모하마에 자꾸 손이 갔다. 주요리를 기다릴 때 모하마는 화이트 와인이나 맥주랑 먹기 좋은 타파스다.

스페인 남서부 해안은 무덥고 바람도 많이 불며 건조하다. 그래서 갓 잡은 생선의 신선도가 금방 떨어진다. 반면 햇볕에는 쉽게 건조된다. 아랍인은 지중해와 대서양에서 참치를 잡았다. 그들은 신선한 참치를 보존하는 방법으로 참치에 소금을 뿌려 햇볕에 말렸다. 이를 무사마(Musama)라 했다.

오늘날 말린 참치 모하마는 안달루시아 해안가 주변으로 우엘바, 카디스, 알메리아(Almelía)를 비롯해 무르시아와 발렌시아에서도 생산한다. 특히나 대서양 연안 우엘바는 일년 내내 적절한 바람이 분다. 이에 참치 필렛을 자연적으로 건조하기에 딱 좋다. 어업은 안달루시아인에게 중요한 수입원이다.

참치 해체 전문가는 신선한 참치를 크고 날카로운 칼로 자른다. 빠른 손놀림으로 분해한 옅은 빨간색 살코기 덩어리를 소금으로 힘차게 문지르고 물로 씻는다. 여기에 소금을 뿌리고 며칠간 숙성한다. 이후 필렛을 깨끗하게 씻고 덕장에 매달아 천천히 말린다. 서늘한 바람에서 꾸덕꾸덕하게 표면이 어두운 적갈색이 될 때까지 참치를 건조한다.

안달루시아 대서양 연안에서 참치잡이는 페니키아, 로마, 아랍 시대에도 수익성이 좋은 사업이었다. 페니키아인은 생선을 염장하는 소금도 스페인에서 얻었다. 아랍 시대에는 높다란 아탈라야(Atalaya, 망루)에 올랐던 남자가 커다란 참치 떼의 도착을 알렸고 어부는 어느 방향으로 그물을 놓아야 하는지 감을 잡았다. 참치잡이 어선은 여울을 향해 항해하여 참치를 포착하고 그 주변을 참치를 잡는 그물로 덫을 만들었다. 이를 알마드라바(Almadraba)라고 하는데 참치를 포획하는 중요한 기술이다. 어부의 그물망에 걸린 참치는 장대로 쉽게 죽일 수 있었다. 육지로 가져온 참치는 토막으로 자르고 소금에 절인 다음 나무통에 담아 시장으로 운반했다.

스페인 참치잡이 어선은 전 세계를 누빈다. 안달루시아에서 가공하는 참치는 먼바다에서 오기도 한다. 스페인에서는 날개다랑어를 가치 있게 여긴다. 날개다랑어는 가슴지느러미가 매우 크게 발달하여 마치 날개처럼 보여 붙여진 이름이다. 스페인에서는 이를 아툰 블랑코(Atún blanco) 혹은 보니토 델 노르테(Bonito del norte)라고 한다. 칸타브리아 연안에서 여름에 잡히는 날개다랑어 한 마리 무게가 10kg 이상이다. 속살은 흰색에 가깝고 촉촉하며 단단하고 풍미가 가득하다. 서구에서는 바다 닭고기라고 부르는 인기 있는 종이다.

스페인에서 황다랑어는 아툰 클라로(Atún claro)라고 하는데 주로 에콰도르의 열대 바다에서 잡힌다. 황다랑어는 날개다랑어보다 훨씬 크고 무겁다. 살코기는 일반적으로 분홍색이며 향이 강하지 않고 참다랑어처럼 촉촉하다.

참다랑어 아툰 로호(Atún rojo)는 주로 횟감과 초밥 재료로 국제 시장에서도 큰 인기가 있다. 스페인에서는 전통적으로 참다랑어로 모하마를 만들거나 통조림을 만든다.

특히 참치 뱃살, 벤트레차(Ventrecha, 바스크어로 멘드레스카 Mendreska)를 으뜸으로 여긴다.

소금에 절여 자연 건조한 육지의 맛으로 하몬이 있다면 바다의 맛은 모하마다. 섬세한 질감과 감칠맛이 느껴지는 모하마는 절묘한 진미다.

PART 3

스페인 미식의 아이콘

ICONO DE LA GASTRONOMÍA ESPAÑOLA

RIOJA
RODILES

돼지 뒷다리로 만든 생햄, 하몬

스페인 미식을 대표하는 음식으로 하나를 꼽는다면 단연 하몬(Jamón)이다. 돼지 뒷다리를 소금에 절여 건조한 생햄 하몬. 스페인에서 돼지를 키우는 것은 마치 오래된 유물과 같다. 시골 농부들은 적어도 돼지 한 마리는 키웠고 하몬과 소시지로 1년을 지냈다. 19세기만 하더라도 하몬은 시골 가난한 사람의 음식이었다. 스페인 내전 후 식량이 부족했던 상황에서 하몬은 급부상했다. 하몬은 오늘날 스페인에서 가장 사랑받는 음식이다.

하몬은 사육환경과 종에 의해 크게 두 종류로 나뉜다. 먼저 전체 하몬의 80%를 차지하는 하몬 세라노(Serrano)가 있다. 세라노는 '시에라(Sierra)에서 온' 혹은 '산맥'을 뜻한다. 이는 안달루시아 그라나다에 있는 시에라 네바다 산을 의미한다.

하몬 세라노는 백돼지로 만든다. 두록, 피어트레인 같은 백돼지는 흑돼지 이베리코(Ibérico)에 비해 빠르게 성장하며 사육방식과 비용이 적게 든다.

하몬 세라노는 스페인 전 지역에서 생산한다. 시에라

와 비슷한 조건(습도, 공기 흐름)과 온도 조정 기술을 갖춘 보데가(Bodega, 하몬 숙성고)에서 뒷다리 살을 소금에 2주간 절인다. 이때 수분이 빠져나가면서 뒷다리 살은 소금기를 머금게 된다. 이는 배추를 소금에 절이는 것과 같다. 그래서 하몬을 김치에 비유하기도 한다. 스페인에서 하몬은 한국의 김치 같은 존재다.

다음으로 세카데로(Secadero, 건조실)에서 일정한 온도를 유지하고 습도를 낮춰 7개월 동안 건조 숙성을 하며, 나머지 2개월은 시원한 보데가로 옮겨 숙성시킨다.

하몬 세라노의 숙성기간은 대체로 9~12개월 혹은 18개월인데 24개월 동안 숙성한 제품도 있다. 물론 숙성 기간이 길수록 가격도 비싸진다. 일반적으로 하몬 세라노의 경우 12개월 이상 숙성하면 좋은 하몬으로 본다. 하몬 세라노에 등급을 매기기도 하지만 이는 공식적인 기준으로 정해지는 건 아니다. 상품에 관한 마케팅 방식 중 하나다.

스페인 미식의 보석에 비유하는 하몬 이베리코는 흑돼지 이베리코 품종으로 만든다. 이베리코 돼지는 주로 스페인 중서남부에서 산다. 이베리코의 먹이인 도토리가 나는 참나무 숲이 살라만카와 에스트레마두라 그리고 안달루시아에 분포되어 있기 때문이다. 세라노 품종이 공장식 사육이라면 이베리코는 이와 다르다. 게다가 이베리코는 느리게 성장한다. 생산성이 매우 낮은 품종이다.

하몬 이베리코는 크게 두 가지 방식으로 구분된다. 어떤 품종과 교배했는지에 따라, 사육 방식과 사료에 따라 스페인 정부 기준에 의해 세부 등급으로 나뉜다. 하몬 이베리코는 4개의 원산지 표시 보호 DO(Denominación de Origen)가 있다.

하몬 이베리코는 산 근처 춥고 건조한 기후에서 이상적인 건조와 숙성이 이뤄진다. 최상급 하몬을 만들기까지는 단순하지 않다. 오랜 기간 동안 기준에 따른 세심한 노력이 든다. 하몬 이베리코의 숙성 기간은 대게 24~36개월이다. 하몬 이베리코 베요타에는 항산화 물질과 불포화 지방산이 풍부하다.

하몬 이베리코를 생산하는 주요 지역으로는 하부고(Jabugo), 아라세나(Aracena), 카세레스(Cáceres), 바다호스(Badajoz), 우엘바(Huelva), 시우닷 레알(Ciudad Real), 세비야(Seville), 코르도바(Córdoba)와 기후엘로(Gijuelo)가

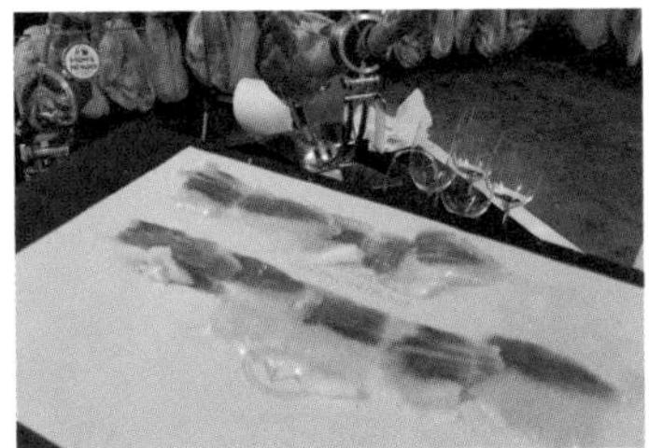

있다. 이 지역에서는 고품질 하몬 이베리코를 생산한다.

질 좋은 하몬은 단맛과 짠맛이 고루 느껴진다. 하몬은 부위에 따라 단단하기도 하고 부드럽기도 하다. 또 같은 하몬이라도 단맛이 더 느껴지거나 짠맛이 더 느껴지는 부위가 있다. 이는 근육마다 소금이 다르게 흡수되기에 그렇다.

하몬을 얇게 슬라이스하려면 전문 기술이 필요하다. 하몬 장인의 말에 따르면 서로 다른 종류의 근육이 한 슬라이스에 있도록 자르는 게 중요하다고 한다.

진공팩에 들어 있는 하몬은 냉장고에서 꺼내 실온에서 최소 20분간 두면 최상의 맛과 향을 즐길 수 있다. 드라이한 화이트 와인을 마시고 하몬을 먹으면 하몬 본연의 맛에 보다 집중할 수 있다.

하몬 이베리코 베요타

곡식과 과일이 여무는 가을, 흑돼지 이베리코도 살찌우는 계절이다. 숲속에서 도토리를 먹으며 이리저리 뛰어 놀다 낮잠도 실컷 자고 웅덩이에서 물장난도 치는, 삶의 마지막 시기를 자유롭게 사는 스페인 이베리코 돼지. 이는 유럽에서 가장 행복한 돼지가 아닐까. 하몬 중에서 최상급인 하몬 이베리코 베요타(Jamón Ibérico Bellota)는 이러한 돼지로 만들어진다. 여기서 베요타는 도토리를 뜻한다. 품질 좋은 도토리를 먹으면 하몬 맛도 달라진다.

이베리코 돼지가 도토리를 먹는 시기는 정해져 있다. 도토리가 일 년 열두 달 나는 게 아니기 때문이다. 스페인에서 빠르게는 10월부터 보통 11월에서 3월까지 참나무에서 도토리가 난다. 참나무도 종류가 여럿인데 졸참나무, 떡갈나무, 코르크참나무는 유럽에서도 스페인 중서남부와 포르투갈 특정지역 숲속 드넓은 목초지에서 자란다. 도토리가 여물면 이베리코 돼지는 참나무 숲으로 간다. 이를 '몬타네라(Montanera)'라고 하는데 3개월간 자유롭게 뛰어 놀며 도토리와 풀을 먹는 기간을 말한다. 각기 다른 세 종류의 참나무에서 도토리가 여무는 시기도 다르니 돼지

타네라 기간 동안 참나무 숲에서
토리를 먹으며 자유롭게 지내는
베리코 돼지.

들은 도토리가 있는 곳을 향해 이쪽저쪽 이동한다.

해에 따라 도토리 양이 많을 때도 있고 적을 때도 있다. 도토리 수확량이 적으면 참나무 숲으로 가는 돼지의 수도 줄어든다. 50마리 분의 도토리만 생산되면 50마리만 몬타네라를 지낸다. 몬타네라 동안에는 정확한 양의 음식을 적절히 제공하므로 특정 돼지만 살찌우는 게 아니라 모든 돼지가 골고루 살이 찐다.

몬타네라 기간에 들어가는 돼지는 대략 1년에서 1년 반 사이의 나이이다. 돼지 한 마리당 하루에 풀과 도토리를 10kg 먹는다. 보통 90kg의 돼지가 세 개월간 몬타네라를 보내면 150kg이 된다. 이베리코 돼지는 대게 10월부터 12월까지, 12월부터 3월까지 두 차례로 나눠 몬타네라를 지내고 도축된다. 이베리안 돼지는 피부가 검고 발목이 가늘며 축 늘어진 귀가 특징이다. 근육과 살에 지방 함량도 높다. 더욱이 다른 유럽 돼지보다 수명이 3배다.

스페인 하몬 회사 몬테 네바도(Monte Nevado)의 대규모 자연 초장 데에사(Dehesa)는 스페인 중서부 에스트레마두라 자치지방 카세레스(Cáceres)주 트루히요(Trujillo) 마을 근처에 있다. 규모는 500헥타르로, 평균 185마리의 이베리코 돼지가 이곳에서 몬타네라 시즌을 보낸다. 일반적으로 114kg의 돼지가 몬타네라를 지내면 대략 68kg 정도 살이 찐다. 이 기간 동안 이베리코 돼지의 모든 지방이 도토리와 풀에서 오는 걸 목표로 한다.

몬타네라 동안 이베리코 돼지의 주요 특징은 운동과 휴식이다. 돼지는 도토리를 찾으러 돌아다니면서 자연스럽게 운동을 하게 된다. 숲속을 배회하면서 달콤한 도토리를 먹고 연못에서 물을 마시며 목욕을 한다.

일반적으로 돼지는 아침 일찍 그리고 해 질 녘에 먹는 경향이 있다. 나머지 하루 대부분은 휴식을 취한다. 몬타네라 시즌에 돼지들의 휴식은 대단히 중요하다. 잠을 자고 릴렉스하는 동안 살을 찌운다. 운동과 함께 근육도 성숙해지고 휴식으로 육질이 더욱 좋아진다. 스트레스가 없는, 평화롭고 행복한 삶이다.

하몬 이베리코 베요타를 만들기 위해서는 3~4년이 걸린다. 이때 인위적인 바람이 아닌 창문에서 들어오는 신선한 자연바람으로만 건조시킨다. 낮과 밤의 온도차는 하몬을 만드는 데 중요한 환경 요소다. 건조 과정에서 하몬 마스터는 하몬 다리를 하나하나 확인하며 각 하몬이 지닐 수 있는 최상의 맛을 이끌어내는 데 주력한다. 상품으로서 가치를 인정받을 때까지 수작업은 계속된다.

하몬 이베리코의 등급 기준은 다음과 같다. 사육 방식과 사료에 따라, 이베리코의 순종 여부(어떤 품종과 교배)에 따라 세부적으로 나뉜다. 세보(Cebo)는 사료만 먹인 이베리코로 만든 하몬이며 세보 데 캄포(Cebo de Campo)는 사료와 일정 기간(60일가량) 소규모 자연 초장 캄포(Campo)에서 풀을 먹인 이베리코로 만든 하몬이다.

하몬 이베리코 베요타는 대규모 자연 초장 데에사에서 도토리를 먹은 이베리코로 만든 하몬으로 유전적으로는 50%, 75%, 100%로 나뉜다. 100% 암컷 이베리코와 수컷 백돼지 두록종이 만난 경우 50% 이베리코가, 100% 암컷 이베리코와 50% 수컷 이베리코가 만나면 75%의 이베리코가, 암수 모두 순종이면 100%의 이베리코가 탄생한다.

2014년 이후부터 스페인에서는 모든 하몬 이베리코 발목에 등급을 나타내는 라벨 부착을 의무화했다. 하몬 세보에는 화이트, 50~75% 하몬 세보 데 캄포는 그린, 50~75% 하몬 이베리코 베요타는 레드, 검은 발톱이란 뜻의 '파타 네그라(Pata Negra)'라고 하는 100% 이베리코 베요타에는 블랙 라벨을 발목에 단다. 이러한 라벨 덕분에 생산 과정과 등급 그리고 가격대를 한눈에 알아볼 수 있다.

즉석에서 슬라이스한 붉고도 윤기가 흐르는 하몬 이베리코 베요타는 달달하고도 담백하며 고소하고도 짭조름하다. 입안에서는 즉각적으로 사르르 녹으며 잔잔한 뒷맛에 강렬한 여운을 남긴다. 중독성 있다.

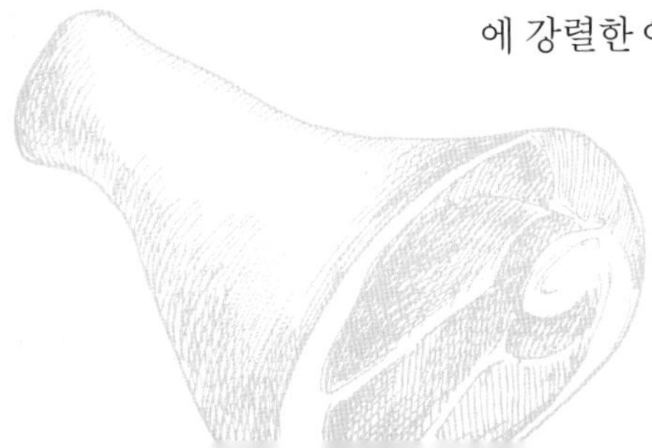

올리브와 올리브 오일

차로 몇 시간을 달렸을까. 가도 가도 끝이 없다. 산등성이에 나지막한 언덕과 평지에 푸르른 올리브 나무가 펼쳐진다. 초여름 스페인 남부 안달루시아의 풍경이다. 넓은 산경사면에 온화하거나 추운 겨울, 길고 무더운 여름 날씨로 스페인은 올리브 재배에 이상적이다. 스페인은 전 세계에서 올리브 오일 생산량이 가장 많은 나라로 세계 올리브 오일 생산에 반을 차지한다.

올리브 나무는 소아시아 지역 터키와 시리아에서 처음으로 재배했고 이후 지중해 나라로 전해졌다고 추측한다. 올리브는 약 6천 년 전부터 지중해 나라에 있었다. 기원전 1천 년경 페니키아인은 올리브 오일을 그리스인은 올리브 나무를 이베리아반도에 전했다. 이후 로마가 정복했던 땅 스페인에 로마군대는 올리브 나무를 대량으로 심었다.

올리브 오일은 로마 시대 바에티카(Baetica), 지금의 안달루시아 지역에서 로마의 수도로 수송한 것으로 추정한다. 안달루시아는 로마를 비롯해 지중해 다른 나라로 올

리브 오일을 수출했다. 1872년 로마의 고고학자 하인리히 드레셀(Heinrich Dressel)은 이러한 증거로 로마 시대에 쓰던 양쪽에 손잡이가 달리고 목이 좁은 큰 항아리 암포라를 로마의 무덤에서 발견했다. 스페인에서 올리브 오일은 당시에도 중요한 생산품이었다. 8세기 이슬람 세력이 이베리아반도를 정복한 후에는 더 많은 올리브 나무 품종과 재배법을 전했고 이슬람 율법에 따라 이베리아반도에서 올리브 농작은 지속해서 번창했다.

올리브 오일은 다른 식물성 오일과는 달리 씨앗이 아닌 올리브 과육을 으깨어 수분을 제거하고 오일 성분을 추출한다. 스페인어로 오일을 아세이테(Aceite)라고 한다. 이는 올리브 주스를 뜻하는 아랍어 아스-사이트(Az-zait)에서 왔다. 스페인어로 올리브인 아세이투나(Aceituna)는 아랍어 알 사이툰(Al zaitun)에서, 올리브 농원인 올리바(Olivar)는 라틴어 올레움(Oleum)에서 파생한 단어다. 올리브 오일을 짜는 방앗간 맷돌 알마사라(Almazara)는 아랍어에서 유래했다.

올리브 오일은 비누와 램프, 의약품에 쓰였고 좋은 품

질의 올리브 오일은 요리에 사용했다. 유대인은 빛의 축제 하누카(Hannukah)에 밀가루 반죽을 올리브 오일에 튀겨 만든 도넛 부뉴엘로(Buñuelo)를 즐겨 먹었다.

오로바일렌 유기농 피쿠알

중세시대 스페인에서 돼지 지방을 먹는다는 건 그리스도교인으로서 정체성을 나타내는 증표였다. 1492년 유대인 추방령 이후 오랫동안 많은 사람이 비밀로 유대인 신분을 유지한다는 의심을 받을까 봐 올리브 오일 사용을 두려워했고, 이로 인해 종교 재판을 받았다. 하지만 안달루시아와 지중해 연안을 따라 올리브 오일은 계속 사용되었다. 유대인과 관련 있다는 편견에도 불구하고 말이다. 19세기 후반이 되어서야 스페인 요리 작가들은 돼지기름보다 올리브 오일의 장점을 칭송하기 시작했다.

오로바일렌 아르베키나

스페인 내전이 일어나기 전까지 스페인 전역에서 소규모 가족 단위로 올리브 오일을 만들었다. 프랑코 정부는 대규모 협동조합 설립을 장려해 대량으로 올리브 오일을 생산하도록 했다. 당시 산업의 목표는 맛보다 양이 우선이었다. 요즘은 자신의 올리브 농장에서 최상급 올리브 오일을 생산하는 추세다. 안달루시아 하엔(Jaén)의 오로바일렌(Oro Bailén)은 가족 기업으로 2천 헥타르가 넘는 올리브 농장을 운영한다. 올리브 재배 분야에서 경력을 쌓았던 갈베스 곤살레스(Gálvez-González) 가족은 상업적 정책보다 제품 품질에 우선을 둔다. 올리브 재배부터 세심한 관리를 하고 자체 알마사라에서 저온에서 추출하는 최신 기술을 도입해 까다로운 입맛을 만족시키는 올리브 오일을 생산한다.

올리브 나무에서 올리브 과육은 먼저 연둣빛에서 녹색으로, 과실이 익어갈수록 보라에서 검정으로 변화한다. 그린 올리브일 때 수확하는 것을 이른 수확이라 하며 이 올리브로 만든 오일이 좋은 올리브 오일의 조건 중 하나다. 오로바일렌은 초록빛 올리브로 올리브 오일을 만든다. 그린 올리브에서 추출한 올리브 오일은 높은 항산화 물질과 폴리페놀을 함유하며 초록의 싱그러운 기운이 느껴지고 허브향에 강한 쓴맛과 매운맛이 느껴진다.

검은색을 띠는 성숙한 올리브일수록 올리브 과육이 지닌 오일 함량이 높아 더 많은 오일을 생산할 수 있지만, 품질면에서는 이른 수확을 한 올리브보다 떨어진다. 블랙 올리브에는 그린 올리브에 비해 낮은 항산화 물질과 폴리페놀 성분이 들어있고 성숙한 과실향이 나고 쓴맛과 매운맛이 거의 나지 않는다.

올리브 수확은 이르면 10월에서 11월 초에 이뤄진다. 전통적인 올리브 수확 방식으로 올리브 나뭇가지를 막대기로 두드리는 방법을 바레오(Vareo)라 한다. 요즘은 기계로 나무를 흔들어 거대한 망 아래 올리브를 떨어트리는 수확 방식도 활용한다. 올리브를 수확한 후 올리브 오일로 전환하는 시간이 빠를수록 제품의 품질이 좋다. 수확한 올리브는 신선함을 유지한 상태로 최대한 빨리 올리브 오일 공장 알마사라로 운반한다. 올리브 오일은 수확한 지 빠르면 4시간에서 최대 72시간 이내에 냉추출(압착) 시스템을 거쳐 만들어진다.

스페인 올리브 오일 생산량의 75%는 안달루시아 지역이며 특히 하엔과 코르도바가 주요 생산지다. 하엔의 주요 품종은 피쿠알(Picual)이며 이는 코르도바에서도 90%를 차지한다.

스페인에는 262종의 올리브가 있고 그중 24개의 품종으로 올리브 오일을 만든다. 올리브 오일의 원산지 표시보호 DO는 29개가 있다. 스페인 올리브 오일 가게에서는 종류별로 맛을 보고 살 수 있다. 집에서는 요리에 따라 여러 가지 올리브 오일을 사용한다.

올리브 오일은 다채롭다. 맛과 향은 가볍고 섬세하며 복잡 다양하다. 올리브는 포도처럼 토양과 기후의 영향을 받는다. 올리브 오일은 올리브 품종에 따라 맛이 다르다. 향으로는 과일향, 꽃향기, 견과류, 풀향기가 나고 맛으로는 과일맛과 견과류, 후추맛, 톡 쏘는 매운맛과 쓴맛도 난다. 올리브가 어떻게 익었는지, 어떤 방식으로 오일을 추출했는지, 단일 품종인지 아니면 여러 품종을 섞어 만들었는지에 따라서도 각기 다른 맛과 향을 지닌다.

올리브 오일은 불포화 지방산과 비타민 E가 함유됐고, 심장 및 혈관 질환 예방과 혈압을 낮추는 데 도움을 준다. 올리브 오일은 만든 후 일 년 안에 먹는 게 좋다.

올리브 오일의 등급은 다음과 같다. 엑스트라 버진 올리브 오일(Aceite de Oliva Virgen Extra)은 열을 가하거나 정제하지 않고 오직 올리브 과육에서 처음 추출한 산도 0.8 이하의 최상급 오일이다. 산도가 낮을수록 발연점이 높다. 무엇보다 엑스트라 버진 올리브 오일을 구이나 튀김에 사용하면 안 된다는 건 잘못 알려진 사실이다. 고품질 엑스트라 버진 올리브 오일의 발연점은 210°이며 튀김에 적합한 온도는 180°이다. 따라서 엑스트라 버진 올리브 오일을 튀김에 사용해도 좋다. 단 비싼 게 흠이라 튀김으로 쓰고 버리기에 아깝다.

버진 올리브 오일(Aceite de Oliva Virgen)은 올리브 과육에서 열을 가하거나 정제하지 않은 오일이지만 산도가 최대 2.0인 제품이다. 정제한 올리브 오일(Aceite de oliva refinado)은 품질이 떨어지는 오일로 맛에 결함이 있는 버진 올리브 오일을 화학적으로 정제해 맛과 향이 모두 사라진 산도 0.3의 오일이다. 이렇게 정제한 올리브 오일과 버진 올리브 오일을 혼합한 것을 올리브 오일(Aceite de Oliva)라 한다. 산도는 최대 1.0이며 가격이 저렴하여 튀김용으로 쓰기도 한다.

다양한 올리브 오일 품종

피쿠알 Picual

안달루시아에서 가장 많은 생산량을 차지하는 품종으로 묵직한 풀보디 오일이다. 갓 자른 풀 향, 청토마토와 무화과, 바나나 껍질 향이 나며 가벼운 후추와 매운맛 쓴맛도 느껴진다. 스테이크와 튀김 요리뿐만 아니라 샐러드와 가스파초, 날 음식을 보존하는 오일로 좋다. 가늘게 저민 오렌지에 꿀과 허브(타임)랑 잘 어울린다. 피쿠알은 오히블랑카(Hojiblanca)와 혼합하기도 한다.

아르베키나 Arbequina

카탈루냐와 아라곤 지역에서 주로 생산한다. 아르베키나라는 이름은 아르베카(Arbeca)라는 마을 이름에서 왔다. 달콤한 과실향과 맛으로 부드럽고 섬세하며 가볍고 신선함이 느껴진다. 케이크나 과자 만들기, 마리네이드, 샐러드에 잘 어울리며 알리올리와 마요네즈, 흰살생선과 해산물 요리에 좋다.

코르니카브라 Cornicabra

스페인에서 재배 면적으로는 두 번째 품종이다. 톨레도, 시우닷 레알, 마드리드를 중심으로 생산하며 에스트레마두라 카세레스와 바다호스에서도 볼 수 있다. 과실이 반원 모양인데 마치 염소의 뿔처럼 생겼다는 데서 이름이 유래했다. 코르니카브라는 코르네수에로(Cornezuelo)라고도 한다. 매우 프루티한 올리브 오일로 사과향이 나며 허브와 약간의 쓴맛이 느껴진다. 채소 요리와 구이 요리에 잘 어울린다.

오히블랑카 Hojiblanca

안달루시아 코르도바에서 주로 생산하며 말라가와 그라나다, 세비야에서도 자라는 품종이다. 맛을 보면 단맛과 약간의 쓴맛이 나고 허브향과 꽃향기가 남는다. 튀김 요리와 잘 어울리고 찜요리, 샐러드, 가스파초, 연어와 참치, 육류 마리네이드에 좋다.

엠펠트레 Empeltre

프루티하고 아몬드맛이 나면서 약간 쓴맛도 난다. 샐러드 드레싱과 마리네이드, 마요네즈에 적합하다. 양젖 치즈 위에 엠펠트레 오일을 몇 방울 떨어트리면 더욱 풍부하게 즐길 수 있다.

피쿠도 Picudo

안달루시아 품종으로 코르도바, 그라나다, 말라가, 하엔에서 주로 생산한다. 피쿠도라는 이름은 열매 끝이 뾰족한 데서 유래했다. 풍부한 과실향에 풋사과와 아몬드 맛이 난다. 샐러드와 잘 어울린다.

만사니야 Manzanilla
에스트레마두라와 살라망카, 아빌라와 마드리드에도 있는 품종이다. 단맛과 쓴맛이 균형을 이루며 풋사과와 토마토, 갓 자른 풀을 연상시키는 향이 난다. 만사니야 품종은 올리브 오일보다 주로 테이블 올리브로 소비한다.

베르디알 베레스 Verdial Velez
말라가 지역 토종 품종으로 소규모로 생산한다. 매우 부드럽고 프루티한 오일이며 후추향도 난다. 잘 익은 과일 맛으로 가스파초와 마리네이드, 찜요리에 좋다.

올리브 오일을 만들던 맷돌 알마사라

Gran Variedad de Quesos Artesanos del pais Vasco
URBASA ARAIA
D.O. IDIAZABAL
Reserva ahumado
extra a 24€/kg
IDIAZABAL
OFERTA ESKEINTZA
16,90€/kg

장인이 소규모 생산하는 치즈

지리적으로 여러 기후가 있는 스페인은 치즈 종류가 다양하다. 스페인 내에서 생산하는 우유, 양젖, 염소젖으로 치즈를 만든다. 효소나 젖산으로 응고하는 치즈는 크기와 모양도 각기 다르다. 치즈를 훈제하거나 기름으로 문지르기도 하고 향료로 맛을 낸다. 장인이 소규모로 생산하는 치즈는 개성 있고 전통적인 맛을 느낄 수 있다.

스페인 치즈는 25개의 원산지 표시 보호 DOP 지역이 있다. 스페인 치즈로 가장 널리 알려진 만체고(Manchego) 치즈를 비롯해 토르타 델 카사르(Torta del Casar), 이디아사발(Idiazábal), 카브랄레스(Cabrales) 치즈가 유명하다.

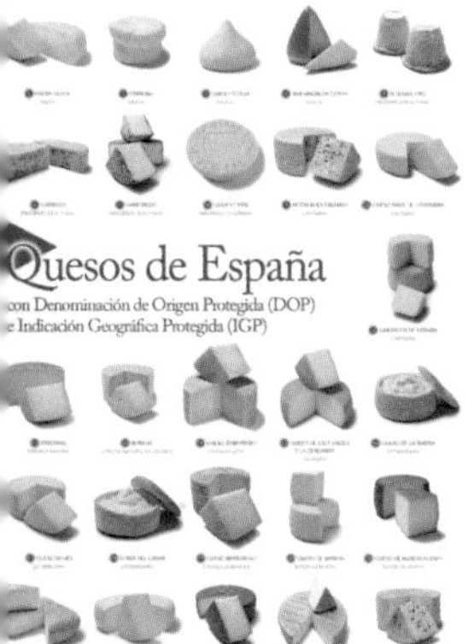

만체고 치즈는 카스티야 라만차에서 생산하며 양젖으로 만든다. 병에 만체고 치즈와 엑스트라 버진 올리브 오일, 허브를 넣어 재워두고 몇 개월간 먹기도 한다. 토르타 델 카사르는 에스트레마두라 치즈로 부드럽고 소금기가 적게 느껴진다. 이디아사발은 바스크와 팜플로나에서 주로 생산하며 양젖으로 만든다. 카브랄레스는 아스투리아스 지역의 수제 블루 치즈로 양젖과 염소젖 혹은 우유도

혼합해 만들며 전통적으로 동굴에서 치즈를 숙성했다.

물방울 모양의 테티야(Tetilla) 치즈는 갈리시아에서 생산하며 우유로 만든다. 파프리카나 올리브 오일을 문질러 맛을 내는 발레아릭 제도 메노르카의 마온(Mahón) 치즈도 대표적이다.

스페인에서 치즈는 타파로서 식전에 간단히 먹는 아페리티보(Aperitivo)로 와인이나 맥주 혹은 시드라와 먹는다. 만체고 치즈는 모과잼 멤브리요(Membrillo)와 곁들여 먹는다. 바르셀로나 출신 작가 엔릭 카넛이 쓴 『스페인 100가지 치즈(Los 100 Quesos Españoles)』를 보면 스페인의 다양한 치즈는 오랜 관습이자 삶의 모습이다. 예전에는 양치기가 양젖으로 치즈를 만들었다. 양젖 치즈와 염소젖 치즈는 오늘날에도 여전히 많이 소비한다. 1960년 프랑코 정부 시절 치즈 생산자는 최소 하루에 1만 리터의 우유를 처리해야 한다는 법령이 내려졌다. 곧 산업적으로 가공된 치즈로만 가득 차 있었고 장인들이 만든 대부분의 수제 치즈는 불법에 처한 상황이었다. 법령이 폐지된 1984년 이후, 장인 치즈 업체는 다시 수제 치즈를 판매할 수 있었다.

©Blanca Berlin / ICEX

스페인에서는 치즈와 꿀을 곁들여 먹는다. 카탈루냐 산속 마을 무라에서 디저트로 꿀과 호두를 곁들인 치즈 멜 이 마토(Mel i mato)를 맛봤다. 멜은 꿀을 뜻하며 마토는 신선한 치즈로 소금을 넣지 않고 우유나 염소젖으로 만든다.

아스투리아스, 바스크, 라리오하, 카스티야 이 레온에서 즐겨먹는 쿠아하다 치즈는 전통적으로 양젖으로 만드는데 우유로 만들기도 한다. 쿠아하다도 마찬가지로 꿀이나 호두를 곁들여 먹는다. 이 치즈는 소금이 가미되지 않고 푸딩 같은 텍스처로 뭉근하다. 전통 방식으로는 카이쿠(Kaiku)라는 통에서 만든다. 쿠아하다는 떠먹는 요구르트 통에 담겨 슈퍼에서도 판매한다.

최고의 향신료, 사프란

사프란은 보라색 사프란 꽃의 암술머리다. 밝고 붉은색의 사프란은 요리에 은은한 향과 노란빛을 감돌게 한다. 사프란은 파에야에 샛노랗게 색을 입히는 데 주로 사용한다. 카스티야 라만차는 스페인에서 사프란 DO로 유일하다. 이 지역 사프란은 고품질을 자랑한다. 스페인 사프란이 동유럽산 사프란보다 가격이 비싼데 그만큼 품질이 좋다.

카스티야 라만차 사프란 생산 지역에서는 사프란으로 술을 담그기도 한다. 사프란 농장에서 담근 알코올 도수 40% 이상의 사프란 술을 맛봤는데 입술에서부터 불이 났다.

사프란꽃의 암술은 손으로 다듬고 빠르게 건조시킨다. 200개의 꽃에서 1g의 사프란을 얻을 수 있다. 사프란 1kg을 얻으려면 16만 가닥의 암술을 손으로 다듬어야 한다.

스페인 사프란은 아랍에서 전해졌다. 스페인어로 사프란인 아사프란(Azafrán)도 아랍어에서 유래했다.

사프란은 서늘하고 건조한 장소에서 직사광선을 피해야 한다. 요리에는 조금만 사용한다(6~7가닥). 너무 많이 넣을 경우 쓴맛이 난다. 가루형 사프란은 더 저렴하다.

사프란의 색을 내는 가루형 콜로란테(Colorante)는 노란색소가 들어간 상품이다. 이는 사프란이 들어간 제품이 아니다.

특유한 향과 맛을 지닌 식초

스페인은 다양한 식초를 생산한다. 와인 식초는 와인 생산 지역에서 만든다. 카탈루냐의 카바(Cava) 식초, 창백한 노란빛이 감도는 단맛과 신맛의 무스카트(Muscat) 식초가 있다. 단맛이 나는 식초는 디저트와 아이스크림에 뿌려 먹기도 한다. 아스투리아스에서는 사과주 시드라로 식초를 만든다.

안달루시아 헤레스의 와이너리에서 만드는 셰리 식초도 맛이 다양하다. 일반적으로 아메리칸 오크통에서 적어도 6개월간 숙성되며, 헤레스 레제르바 식초는 2년에서 5년 숙성된다.

셰리의 종류만큼이나 식초도 다양하다. 더군다나 셰리의 솔레라&크리아데라스(Solera & Criaderas) 시스템에 의해 백년이 넘은 술 방울로도 식초를 만들게 된다.

커피색이 나는 달달한 셰리 와인 페드로 히메네스로 만든 식초는 달콤하다. 호박빛깔을 띠는 셰리 식초도 있고 이보다 어둡고 강한 맛이 느껴지는 셰리 식초도 있다.

향을 넣은 식초는 전통적이면서 대중적인 상품이다.

라즈베리, 마늘, 라벤더, 로즈메리, 타임 그리고 사프란향이 느껴지는 식초가 있다.

식초는 샐러드드레싱에 주로 사용하지만 수프 가스파초와 살모레호, 아호블랑코를 비롯해 뜨거운 돼지고기 스튜나 멸치 초절임 보케로네스 엔 비나그레(Boquerones en vinagre), 데치거나 튀겨낸 고기 또는 생선을 마리네이드하는 요리 에스카베체(Escabeche)에 사용한다. 숙성된 셰리 식초와 달콤한 페드로 히메네스 식초를 섞어 달콤하고 새콤한 캐러멜 색상의 소스를 만들기도 한다.

좌_셰리 와인의 종류만큼이나 셰리 식초도 다양하다.
우_멸치 초절임 보케로네스 엔 비나그레

독특하고 개성이 넘치는 와인

포도밭이 가장 넓은 나라 스페인. 와인 생산량으로는 세계에서 세 번째, 와인 수출 규모로는 세계에서 두 번째다. 페니키아인은 3천 년 전 안달루시아에 첫 포도나무를 심었다.

스페인은 기후와 토양의 종류가 다양하며 지역마다 각기 다른 포도 품종을 생산한다. 토착 품종으로는 템프라니요(Tempranillo), 보발(Bobal), 모나스트렐(Monastrell), 가르나차(Garnacha), 멘시아(Mencía), 알바리뇨(Albariño), 베르데호(Verdejo) 등이 대표적이다.

와인에서도 주정 강화 와인 셰리가 있고 전통적 방식의 우아하고 달콤한 스파클링 와인 카바가 있다. 특히 리오하와 리아스 바이사스, 리베라 델 두에로는 잘 알려진 와인 생산 지역이다.

신선한 과실향의 화이트 와인은 북서부 지역, 풀보디 레드 와인은 남동부 지역에서 주로 생산하며 셰리 와인은 남부 안달루시아의 정수다.

새로운 세대의 와인 전문 메이커는 독특하고 뛰어난 개성을 지닌 와인으로 성공을 거두고 있다. 스페인에서 와인 없는 삶은 상상할 수 없다.

DO(Denominación de Origen)

포도가 생산되는 지리적 환경으로 인해서만 달성할 수 있는 특별한 특성을 가져야 한다. 스페인에는 68개의 DO가 있다.

DOCa(Denominación de Origen Calificada)

DO보다 높은 등급으로 더 엄격한 규제와 조건을 충족하는 곳이며 병입 와인만 판매해야 한다. 1991년 리오하(Rioja)에 이어 2009년 프리오라트(Priorat)가 DOCa로 지정됐다.

VP(Vino de Pago)

최상급 등급으로 특별한 기후 환경과 뛰어난 와인을 생산한 실적이 있는 DOC 구역 안에 위치한 단일 포도밭에서 생산하는 와인이다.

주요 와인 등급	레드 와인	화이트/ 로제 와인
크리안사(Crianza)	2년 숙성 오크통에서 최소 6개월	18개월 숙성 오크통에서 최소 6개월
레세르바(Reserva)	3년 숙성 오크통에서 최소 1년	18개월 숙성 오크통에서 최소 6개월
그란 레세르바(Gran Reserva)	5년 숙성 오크통에서 최소 18개월	4년 숙성 오크통에서 최소 6개월

카바를 만드는 바르셀로나 와이너리

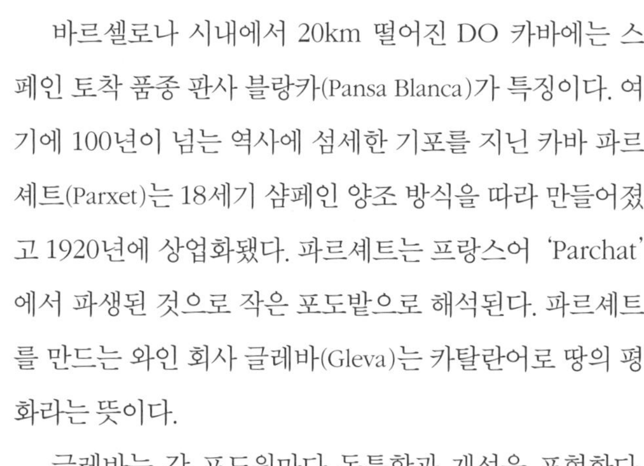

바르셀로나 시내에서 20km 떨어진 DO 카바에는 스페인 토착 품종 판사 블랑카(Pansa Blanca)가 특징이다. 여기에 100년이 넘는 역사에 섬세한 기포를 지닌 카바 파르셰트(Parxet)는 18세기 샴페인 양조 방식을 따라 만들어졌고 1920년에 상업화됐다. 파르셰트는 프랑스어 'Parchat'에서 파생된 것으로 작은 포도밭으로 해석된다. 파르셰트를 만드는 와인 회사 글레바(Gleva)는 카탈란어로 땅의 평화라는 뜻이다.

글레바는 각 포도원마다 독특함과 개성을 표현한다. DO 카바 이외에도 인근에 DO 알레야(Alella), DO 몬트산트(Montsant)를 비롯해 DOCa 리오하와 DOCa 프리오라트, DO 리베라 델 두에로, DO 루에다에도 글레바의 포도원이 있다.

"자연의 맛을 통역해주는 게 우리의 역할입니다."

글레바의 라몬 대표는 파르셰트 와인을 두고 이렇게 말했다. 카바를 만들 때 자연의 맛을 조작하는 역할이 아닌 자연의 맛을 있는 그대로 표현하는 데 심혈을 기울인다고 한다. 포도를 사랑하는 농부의 마음이 전해진다. 이에 균형감, 정교함, 우아함, 독특함, 섬세함을 지닌 열정의 맛을 파르셰트에서 느낄 수 있다. 카바 와인이 익는 서늘하고 캄캄한 와인 저장고로 내려갔다. 와인을 잘 빚도록 도

위_카바 와인
ㅐ_카바를 만드는 바르셀로나 와이너리

PARXET
2015
PARXET
PARXET
GRAN RESERVA M.C.
VINTAGE
2012

와달라는 뜻에 벽에 건 성모마리아상에는 옅은 불빛으로 비춘다.

포도나무는 토양을 흡수하고 불어오는 바람을 맞이하며 강렬한 햇살이든 부드러운 햇살이든 자연 그대로를 받아들인다. 같은 품종의 포도라 하더라도 토양과 기후에 따라 각기 다른 색깔과 맛이 표현되며 이는 와인에도 고스란히 드러난다.

기억에 남는 카바 파르셰트 쿠베(Parxet Cuvee) 21은 투명한 레몬빛을 연상시키며 부드러운 꽃향과 드라이한 효모향이 좋다. 입안에서는 정갈한 버블과 기분 좋은 효모의 터치가 느껴진다. 목 넘김에서는 향긋한 복숭아를 비롯한 과일향으로 마무리를 한다. 쿠베 21은 장기 숙성(15개월간 병입 숙성)의 장점을 잘 보여준다. 쿠베 21에는 판사 블랑카를 기본으로 마카베오(Macabeo)와 파레야다(Parellada) 포도로 만들었다.

DO 카바 근처 글레바의 또 다른 포도원이 있는 알레야에서 바르셀로나 바다의 짠 기운이 느껴졌다. 모래 토양으로 이뤄진 와인 산지 알레야는 영양분이 매우 없는 토양이다. 이러한 땅에서 포도나무의 뿌리는 물을 찾기 위해 땅속 깊이 파고든다.

낮과 밤의 온도차도 중요한데, 뜨거운 낮에는 포도 당도의 균형을 만들고 서늘한 밤에는 좋은 산도를 만든다. 이곳은 모래가 대부분인 토양에서 왜 화이트 와인을 훌륭하게 만드는지를 잘 보여준다. 여기에 더불어 지중해성 기후는 좋은 와인을 빚는 데 조커 역할을 한다.

섬세함을 지닌 열정의 맛이 느껴지는 카바 파르세트.

판사 블랑카 포도

판사 블랑카 품종으로만 만든 글레바의 또 다른 브랜드 라벤토스 데 알레야(Raventós D Alella)의 각기 다른 라벨의 와인을 시음하며 어쩜 이렇게 같은 가족이 닮은 듯 서로 다른 성격을 지녔을까 하는 생각이 들었다. 그중 병 라벨 이름마저 판사 블랑카인 와인은 가성비가 좋다. 색상은 황금빛과 초록빛이 감돌며, 풍부한 과실향에 다양성을 지녔다. 특히 사과와 배향이 풍부하게 느껴진다. 입안 가득 미네랄리티가 넘치며 오크 숙성 없이 좋은 보디감이 매력적이다. 목 넘김과 동시에 라일락 같은 꽃향기가 코를 자극하면서 마무리를 한다.

화이트 와인 품종 중에 극소수는 오크 터치 없이도 충분히 숙성되는 품종이 있다. 그 중 대표적인 품종이 판사 블랑카다. 오크 터치가 나쁘다는 말이 아니다. 단지, 포도가 가진 고유의 특성을 유지하면서 숙성할 수 있다면 오크 터치가 필요할까라는 생각이다. 티나 노우(TINA NOU)가 그런 와인이다. 추수를 앞둔 황금벌판을 연상케 하는 색감도 매력적이다. 이와 함께 미네랄이 동반된 그린 애플향이 뛰어나며 라일락향이 와인 전반을 지배한다. 달콤함이 느껴지는 복숭아향도 기분 좋게 한다. 꽤 묵직한 바디감은 마치 오크 숙성을 한 것 같은 착각을 느끼게 한다. 목 넘김에서 잘 익은 복숭아향과 다양한 화이트 플라워향이 오랜 잔향으로 남는다.

갈락티카(GALACTICA) 2013은 손으로 직접 딴 판사 블랑카를 차가운 침용(marceration)을 거쳐 껍질과 함께 아로마를 얻고자 천천히 숙성했다. 16℃의 낮은 온도로 유지되는 콘크리트 에그 탱크에서 35%를 숙성했고, 프렌치 오크통에서 35%를 그리고 스테인리스 스틸에서 나머지 30%를 숙성했다. 진한 황금빛이 감도는 신선한 과실향의 풀보디 와인이다. 테이스팅 후 여운이 길며 와인 메이킹 기술로 구조적이고 파워풀하다.

스페인의 빨간 맛, 피멘톤

때는 16세기. 프란시스코 수도회 수도사들이 라틴아메리카에서 스페인으로 돌아오면서 여러 가지 고추 종을 가져왔다. 수도사들이 달콤하고 매운 품종의 씨앗을 에스트레마두라 유스테(Yuste) 수도원에 심은 이후 에스트레마두라를 넘어 스페인 전역에 고추가 전파되었다.

스페인에서 후추를 피미엔타(Pimienta)라고 한다. 한때 동양에서 들어온 검은 후추 피미엔타처럼 강렬한 느낌을 준다고 해서 수도사들은 고추를 피미엔토(Pimiento)라고 불렀다. 스페인어 피미엔토는 라틴어 피그멘툼(pigmentum)에서 유래했고, 피망과 같은 그룹의 고추 종으로 매운맛 칠리고추 긴디야(Guindilla)나 카예나(Cayena)와는 구분된다.

17세기가 되어서야 빨간 고추를 빻아 가루로 낸 게 스페인 요리에 스며들기 시작했다. 훈제한 고춧가루를 스페인에서 피멘톤(Pimentón)이라 하며 이를 스페니시 파프리카, 훈제 파프리카라고 한다.

18세기에 프랑스 남작 장 프랑수아 드 부르고잉은 스페인 여행기에서 이렇게 말했다. "스페인 사람은 강한 향

피멘톤 둘세

피멘톤 가루

신료를 좋아한다. 토마토소스와 파프리카 가루로 색을 내는 많은 요리에 불을 붙인다."

19세기부터 고추를 말려 고운 가루로 낸 것을 피멘톤이라 했다. 1893년 미식가 앙헬 무로는 그의 책 엘 프락티콘에서 피멘톤은 스페인 대부분 사람에게 주요 필수품이라 했다. 발렌시아 파에야, 갈리시아 문어 요리 풀포 아 페이라, 마드리드에서 유래한 감자 타파스 파타타스 브라바스, 초리소와 발레아릭 제도 마요르카의 유명한 소시지 소브라사다, 카스티야 지방의 스튜 카요스(callos)와 북부 바스크 요리 마르미타코까지. 이 요리에 공통으로 들어가는 재료는 피멘톤이다. 스페인 전통 요리에 개성 있는 풍미와 색을 내는 피멘톤은 염장햄 로모(Lomo)와 치즈에 넣기도 한다. 스페인 요리에서 피멘톤은 매우 가치 있는 향신료다.

스페인에서 가장 좋은 피멘톤은 500년 전 수도원 정원에서 처음으로 새하얀 고추꽃이 피었던 곳에서 멀지 않은 에스트레마두라 북부에서 만들고 있다. 카세레스 라베라(La Vera) 골짜기는 피멘톤 데 라베라(Pimentón de La Vera)

산지(DO)로 유명하다.

에스트레마두라 북부 라베라는 스페인 중부에서 가장 비옥한 지역 중 하나다. 티에타르(Tiétar) 강 주변 충적토와 더불어 온화한 기후와 적당한 강수량은 고추 종을 재배하는 데 이상적인 조건이다.

이 지역 농부는 여러 고추 품종을 재배하며 매운 정도가 각각 다르다. 이 요인은 캡사이신으로 알려진 물질로 결정되는데, 이는 피망과 마찬가지로 은은하고 순한 고추에는 없다.

농부는 3월에 고추씨를 뿌린다. 피멘톤 데 라베라를 만드는 품종으로 오칼레스(Ocales), 하란다(Jaranda), 하리사(Jariza)와 헤로민(Jeromín), 볼라(Bola)가 있다. 수확은 9월에 시작해 11월까지 지속한다. 온 가족이 때때로 일꾼의 도움을 받아 고추를 수확하기 위해 들판으로 나간다. 정성스럽게 손으로 수확한 고추는 건조실로 보내져 높이가 2.5m 미만인 나무 격자에 통째로 올려진다. 참나무 연기를 흠뻑 입은 고추는 본연의 붉은색을 유지하면서 강렬한 풍미를 더하며 13일에서 15일 동안 천천히 훈제한다.

전통적으로 담배 농사를 짓던 농부들이 참나무 화덕으로 데워진 헛간에서 담뱃잎을 말렸는데 이때 동시에 고추도 천장에 걸었다. 그러다 참나무 연기가 스며든 고추를 가루로 낸 피멘톤이 인기를 끌면서 농부들은 담배 농사를 접고 피멘톤 생산에 전념하기 시작했다. 라베라에서는 고추를 훈제 건조하지만, 무르시아 지역은 햇볕에 고추를 말리는 게 전통적인 방식이다.

훈연한 고추는 줄기를 제거하고 전기로 작동하는 돌로 만들어진 분쇄기에서 제분한다. 마찰열로 인해 순수한 맛과 색상이 손상될 수 있기에 매우 천천히 작동한다. 분쇄한 피멘톤은 때때로 규정에 명시된 최대 비율로 식물성 기름을 첨가할 수 있는 수평 분쇄기를 통과한다.

피멘톤은 맛에 따라 세 가지 종류다. 달콤한 맛 둘세(Dulce), 씁쓸하면서 달콤한 아그리둘세(Agridulce) 그리고 매운맛 피칸테(Picante)가 있다. 피멘톤 피칸테는 우리가 생각하는 고춧가루에 가깝다.

고추 품종 중 작고 둥글며 부드럽고 달콤한 맛을 지닌 뇨랴(Ñora)는 말려서 요리에 활용한다. 주로 스튜나 쌀요리에 첨가하는 뇨라는 카탈루냐, 발렌시아, 무르시아에서 생산한다. 무르시아에서는 뇨라로 달콤한 피멘톤을 만든다.

뇨랴보다 길쭉하고 넓게 생긴 고추 초리세로(Choricero)는 바스크와 나바라, 라리오하에서 생산한다.

초리소

말린 초리세로의 펄프로 만든 페이스트는 병에 담아 판매한다. 얼핏 보기에는 마치 고추장 같다. 초리세로는 생선, 수프, 스튜 요리에 주로 사용한다.

라리오하는 와인뿐 아니라 붉은 소시지 초리소 생산지로도 유명하다. 초리소 리오하노(Chorizo Riojano)는 스페인 초리소 중에서 지리적 표시 보호(PGI)를 받는다. 초리소는 일반적으로 원통형의 말굽 모양에 끈이 달린 소시지로 견고하고도 촘촘한 밀도를 지녔다. 초리소 단면을 보면 고기 조각과 지방이 적절히 어우러졌다. 돼지 내장에 삼겹살과 옆구리살, 고운 소금, 피멘톤, 마늘을 넣어 만든다. 초리소는 마늘의 터치에 피멘톤 특유의 강렬한 향을 지녔다. 때로는 유쾌한 매운맛을 낸다.

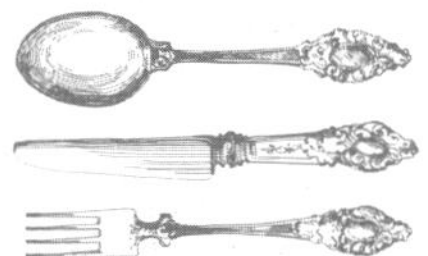

부록 |

마드리드 현지인 맛집

카르멘바 Carmen Bar

스페인에서는 자신의 이름을 내건 바를 운영하곤 한다. 사람들도 저마다 자신이 즐겨 찾는 타파스바가 있다. 1994년부터 마드리드 살라만카(Salamanca) 구역에서 동네 사람의 사랑방 역할을 톡톡히 하는 카르멘바. 가게 이름 그대로 카르멘이 운영한다.

럭셔리 브랜드와 편집숍이 밀집한 세라노 명품거리. 이곳에 위치한 카르멘바에서는 아침 7시부터 따끈한 추로스를 맛볼 수 있다. 오전 10시 무렵 카르멘바에는 간단히 요기하러 온 직장인들로 붐빈다. 메뉴는 타파스와 샐러드, 보카디요(샌드위치), 디저트로 선택의 폭이 넓다. 카르멘바는 몬테 네바도(Monte Nevado)에서 모든 하몬을 공급받는다. 오렌지 주스를 주문하면 즉석에서 즙을 낸다. 오렌지 껍질째 간 주스는 신선하고 진하다.

부담 없는 가격으로 즐길 수 있는 와인 리스트도 눈여겨볼 만하다. 스페인 전 지역 와인을 고루 갖췄다. 화이트 와인은 리아스 바이사스, 루에다, 레드 와인은 리베라 델 두에로, 리오하를 중심으로 로제 와인은 나바라, 카바는 안나 데 코도르니우를 선보인다.

카르멘바 내부에는 지하로 내려가는 계단이 있다. 식사와 세미나를 겸할 수 있는 공간이다. 카르멘바에서 처음 만난 사람들과 금세 친구가 되었고 마리아 아주머니는 기어이 주스 값을 내주고 싶다며 계산을 하셨다. 정 많은 스페인 사람들. 합리적인 가격에 다양하고 맛있는 타파스 메뉴, 세련된 인테리어에 친절한 직원이 있는 카르멘바. 포장도 가능하다.

주소 Calle de Claudio Coello, 61, 28001 Madrid
전화 +34 915 75 43 12
홈페이지 www.carmenbar.com
가는 방법 메트로 세라노 Serrano 역 인근. 콜럼버스 동상이 있는 대로변 혹은 마드리드 한국 문화원에서도 걸어서 5분 내외 거리
운영시간 월 - 목 7:00-00:00, 금 7:00-01:00, 토 8:00-03:00, 일 8:00-00:00

로스 우에보스 데 루시오 Los Huevos de Lucio

요리학교에서 같이 수업을 들었던 마드리드 토박이 크리스티나가 추천한 맛집 중 하나. 저녁 9시 무렵이 되면 카마레로(웨이터)가 좀 더 바빠지기 시작한다. 일단 푸짐하게 주문했다. 카마레로가 무심하게 테이블 위에 올려놓고 간 크로케타스. 크로케타스의 진면목은 한 입만 맛봐도 안다. 겉은 바삭하고 속은 매우 크리미하며 하몬 이베리코도 듬뿍 들어 있다. 크로케타스라는 이름에 걸맞은 맛이다. 화이트 아스파라거스구이와 아티초크 요리, 문어 요리도 추천한다. 식당 이름은 타베르나 데 로스 루시오(Taberna de los Lucio)에서 로스 우에보스 데 루시오로 바뀌었다. 간판은 옛 이름 그대로다.

주소 Cava Baja, 30, 28005 Madrid
전화 +34 913 66 29 84
홈페이지 www.loshuevosdelucio.com
가는방법 마요르 광장에서 걸어서 7분 거리
운영시간 월-일 13:00-16:00, 20:30-00:00

카사 라브라 Casa Labra

1유로의 행복을 누릴 수 있는 카사 라브라. 이곳은 온종일 문전성시를 이룬다. 초콜릿 모양 같은 나무로 만든 외벽만 봐도 이 식당 참 오래됐구나 싶다. 카사 라브라는 1860년부터 문을 열었다. 바칼라오(대구) 튀김 하나에 1.50유로, 크로케타 하나에 1.05유로. 시내 한복판에 이런 가격이라니. 타파스는 타파스대로 음료는 음료대로 주문하는 곳이 분리돼 있다. 주문하면 즉석에서 바칼라오를 튀겨준다. 생선살이 통통하며 튀김옷도 적당히 입혀진데다 기름도 신선하게 느껴졌다. 뜨거우니 후후 불면서 먹어야 한다. 적은 돈으로 양과 질을 동시에 만족시켜주는 곳.

주소 Calle de Tetuan, 12, 28013 Madrid
전화 +34 915 31 00 81
홈페이지 www.casalabra.es
가는방법 솔 광장 근처, 엘코르테잉글레스 백화점 뒤편 골목에 위치
운영시간 월-일 11:00-15:30, 18:00-23:00

페르팔 Ferpal

샌드위치 종류만도 20가지. 속재료에 따라 매우 다양한 메뉴를 선보인다. 가격은 하나에 1유로. 착한 가격에 한 번 더 놀란다. 페르팔은 각종 식료품을 판매한다. 벽에는 주렁주렁 하몬이 걸려 있다. 치즈를 비롯해 홍합, 참치, 사르디나(정어리), 안초비 등 여러 종류의 캔식품과 각종 엠부티도(초리소, 모르시야 등 소시지)를 살 수 있다. 와인에 허브와 향신료를 넣어 만든 베르무트는 추천 음료다. 아나와 함께 베르무트 한 잔을 주문했다. 밝고 청량한 맛에 차갑게 마시니 갈증이 사라진다.

주소 Calle del Arenal, 7, 28013 Madrid
전화 +34 915 32 38 99
홈페이지 www.ferpalmadrid.com
가는방법 솔 광장 근처 걸어서 1분 거리
운영시간 월 – 토 8:00–20:45
휴무일 일요일

엘 리오하노 El Riojano

마드리드 유명 디저트 빵집 엘 리오하노. 엘 리오하노는 아나의 요리 선생님이 마드리드 최고의 디저트 전문점이라고 말했던 곳으로 아나도 즐겨 찾는 매장이다. 1885년부터 디저트를 만들어오고 있는 엘 리오하노. 오랜 세월 동안 대를 이어 사람들 입맛을 사로잡고 있다. 매장 내부에는 카페테리아도 있어 음료와 디저트를 같이 먹을 수 있다. 안달루시아 크리스마스 전통 간식 페스티뇨스(Pestiños), 발렌시아 디저트 투론, 세마나 산타(Semana Santa, 성주간)에 먹는 진한 단맛의 토리하스(Torrijas)가 생각나면 가는 곳이다.

주소 Calle Mayor, 10, 28013 Madrid
전화 +34 913 66 44 82
홈페이지 www.confiteriaelriojano.com
가는방법 솔 광장 근처 걸어서 2분 거리
운영시간 월–토 10:00–14:00, 17:00–21:00(일요일 17:30부터)

Epilogue

흔히 '스페인 요리'하면 파에야와 타파스를 떠올린다. 이는 정형화된 스페인 이미지 중 하나다. 식재료가 풍부하고 오랜 역사를 지닌 스페인은 요리가 다양하며 깊이가 있다.

풍부한 식재료가 나는 축복받은 땅 스페인. 이베리아 반도에는 여러 인종과 종교가 한데 어우러졌고 이는 음식 문화에도 고스란히 드러난다. 라틴아메리카에서 가져온 식재료는 스페인 식탁을 더욱 풍성하게 했다. 그 다양한 매력에 나도 모르게 어느새 스페인에 빠졌다.

지역별 색채가 뚜렷한 스페인의 맛을 찾아 떠났다. 그 과정에서 한동안 의문점이 해결되지 않는 것도 있었다. 마침내 그 실마리를 풀었을 때는 무척이나 기뻤다.

책에는 스페인 각 지역의 음식 문화 이야기를 담았다. 음식 중 지역마다 다양한 버전이 있는 경우 그 유래와 지리적 연관성이 높은 곳을 중심으로 살펴봤다. 스페인 요리 레시피도 수록했다. 이는 한국에서 구하는 재료로 만들 수 있다.

스페인은 어느덧 내 삶의 중심이 되었다. 태양의 맛, 활기찬 맛. 스페인 음식에서 그런 에너지를 얻었다. 스페인은 내 삶의 열정 레시피다. 앞서 걱정하기보다 일상에서 매 순간 나로서 온전히 집중하며 감성을 활짝 열고 새롭게 받아들이며 한 걸음씩 걸어가고 싶다.

알고 먹으면 더 맛있다. 스페인 여행에서 스페인 음식을 먹을 때, 스페인 여행에서 돌아와 스페인의 맛이 그리울 때 이 책이 작으나마 도움이 되길 바란다. 스페인의 맛을 나눌 수 있어 행복하다.

Special Thanks

책을 마무리하면서 감사한 마음만이 가득하다.

스페인 관광청 이은진 대표님의 응원과 따스한 말씀은 큰 힘이 되었다. 진심으로 감사 인사를 드린다. 아나 돌스(Ana Dols)와 스페인 음식을 나눈 시간은 잊지 못한다. 가이드북에 나오지 않는 현지인만 아는 스페인의 맛을 알려주고 싶다며 함께 스페인을 누비기도 했다. 멀리 있어도 늘 에너지를 주는 아나 돌스. 정말 고맙다.

월드 스타임에도 너무나 인간적인 Ferran Adriá, 엘불리 재단의 José María López, A Punto 요리학교 Roberta Bruno, Pedro Benavente, 멋쟁이 Carmen, Chema, Marcos, Isabel Vega, Javier Borderias Juarez, María, Rafa Usoz, Ana Fernadez, Fernando, Ramón, Nico, Monica, Pablo Lavieja, Rodrigo Pachecho, 발렌시아의 윤혜성 라울 부부, 마드리드 수연, 맛있는 스페인 요리를 만드는 분들, 그리고 취재에 만났던 수많은 사람들, 특히나 혜성처럼 나타나 스페인 취재에 많은 도움을 준 우렁각시 같은 JD에게 진심 어린 고마움을 전한다.

두 아이를 육아하며 나만의 시간을 갖는 건 녹록지 않았다. 아이들을 재우고 글을 쓰다 보면 어느덧 새벽 두세 시가 지났다. 그래도 생생하게 살아 있음을 실감하는 시간이었다. 나만의 공간에서 나는 자유로웠다.

베스트 프렌드이자 조카들을 아끼는 동생에게도 고맙다는 말을 전하고 싶다. 아낌없는 응원을 해주시는 어머님 아버님, 딸을 위해 언제나 기도하시는 엄마 아빠께 깊은 감사 인사를 올린다.

무엇보다 아내의 행복이 가정의 행복이라는 남편 덕분에 스페인의 맛이 탄생할 수 있었다. 대학 시절 클래식 기타 동아리 악장을 지냈던 남편은 스페인의 매력을 아는 사람이다. 남편의 배려에 진한 고마움을 표한다. 사랑하는 가족, 아이들과 내 인생의 동반자 남편에게 이 책을 바친다.

스페인의 맛

요리로 떠나는 스페인 미식 로드

1판 1쇄 발행 2019년 5월 15일
2판 1쇄 발행 2022년 2월 10일

지은이 | 권혜림
펴낸이 | 이종일

편집 | 유혜현

펴낸곳 | 버튼북스
출판등록 | 2020년 4월 9일(제386-251002015000040호)

주소 | 경기도 부천시 소삼로38 휴안뷰 101동 602호
전화 | 032-341-2144
팩스 | 032-342-2144

ISBN 979-11-87320-46-3 03920